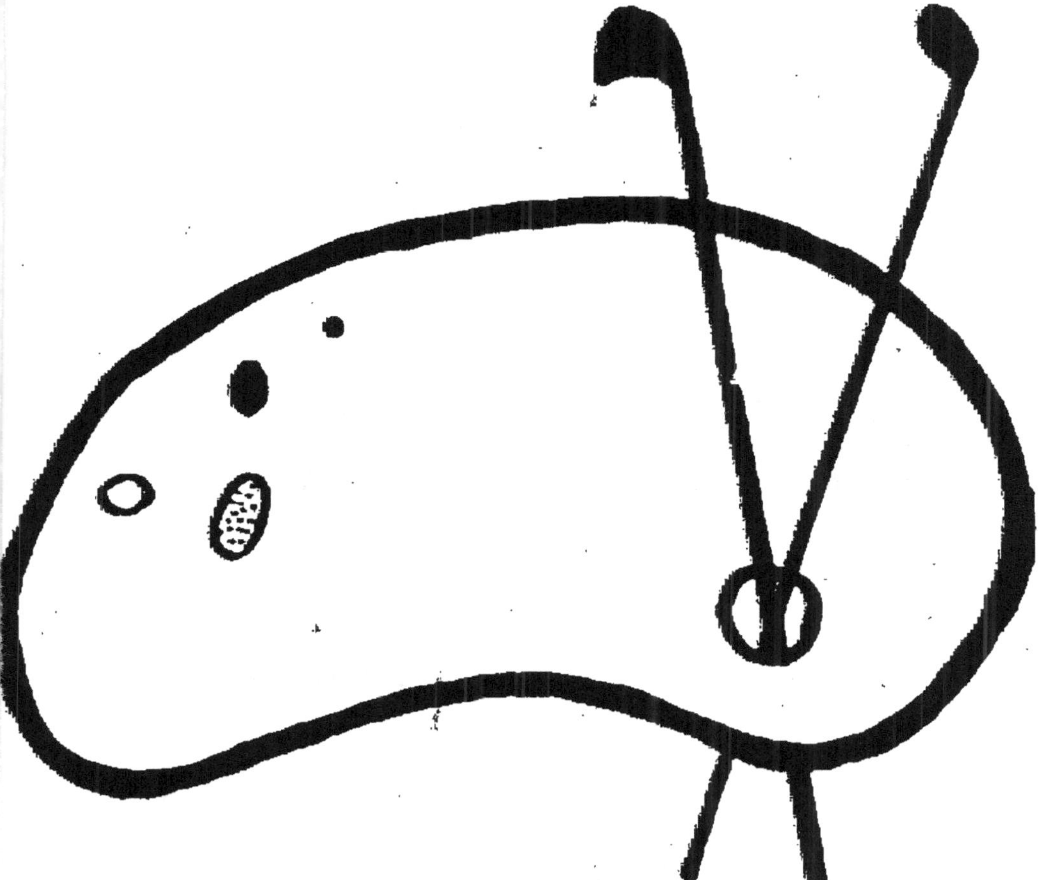

PRINCE ALEXANDRE BIBESCO

Bibliothèque du Touriste
EN DAUPHINÉ

DELPHINIANA

1875-1887

AD AUGUSTA PER ANGUSTA

GRENOBLE
[illegible]

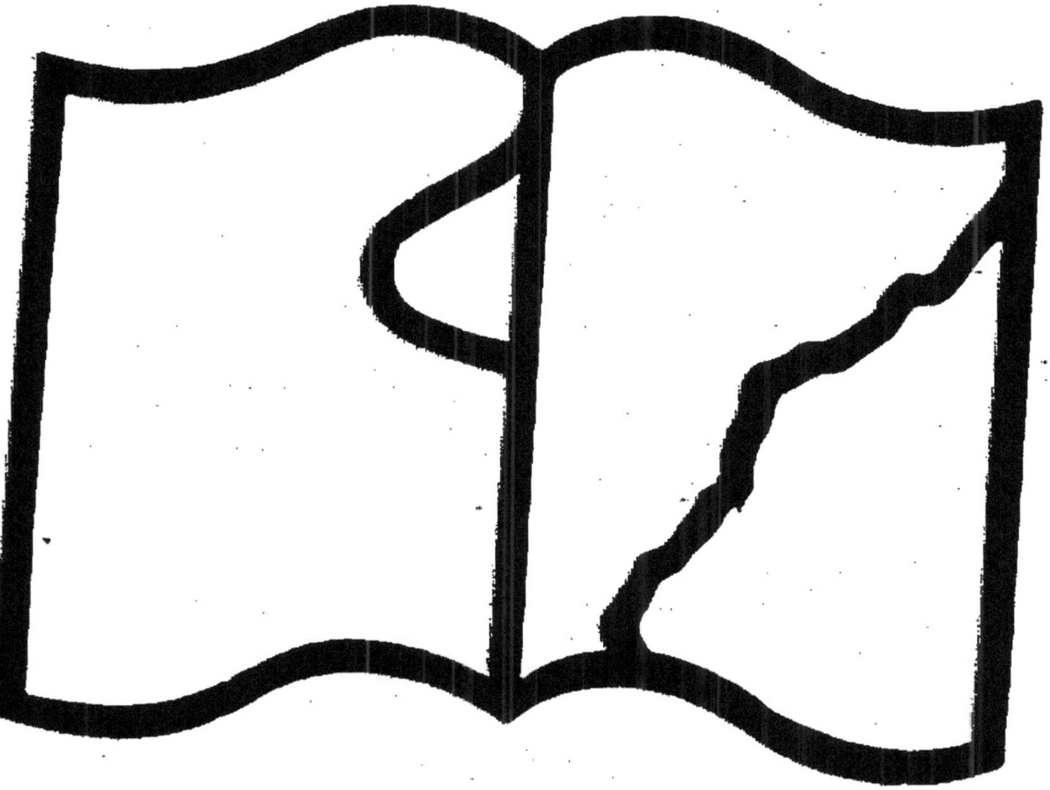

Texte détérioré — reliure défectueuse

NF Z 43-120-11

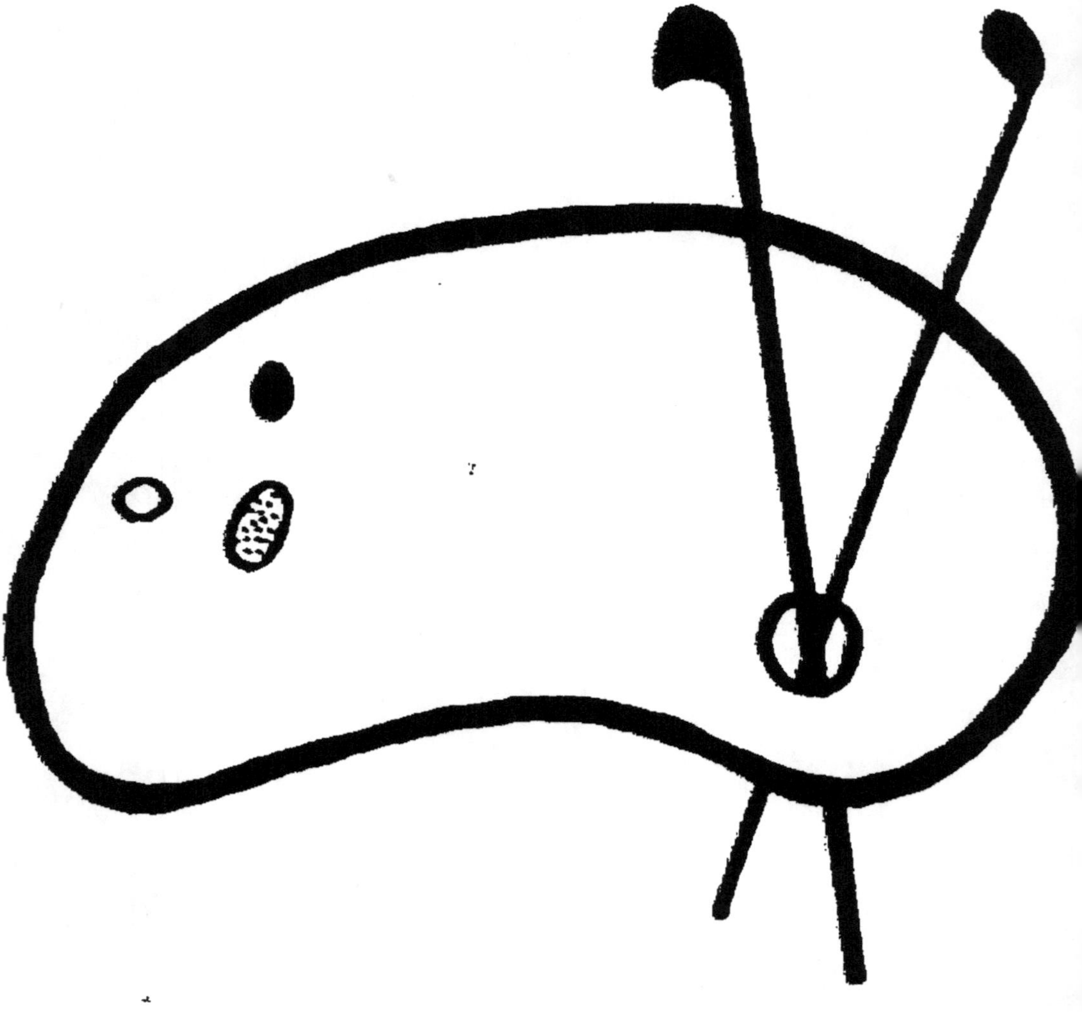

FIN D'UNE SERIE DE DOCUMENTS
EN COULEUR

DELPHINIANA

Prince Alexandre BIBESCO

Bibliothèque du Touriste
EN DAUPHINÉ

DELPHINIANA

AD ANGUSTA PER AUGUSTA

GRENOBLE
Xavier DREVET, Éditeur
LIBRAIRE DE L'ACADÉMIE
14, Rue Lafayette, 14
—
1888

TIRÉ A

100 Exemplaires vergé Hollande.
100 — velin.

A Madame Louise Drevet

La poëtique inspiratrice

de

tous ceux qui habitent, visitent, décrivent

le Dauphiné

Hommage affectueux

De l'Auteur

I

LE TAILLEFER

Villa Epoureni-Berlad, Roumanie (Moldavie),
16/28 août 1875.

A MONSIEUR XAVIER DREVET,
Directeur du Journal *Le Dauphiné.*

La lettre fort aimable que j'ai reçue de vous, le jour même de mon départ d'Uriage, me comble de tels compliments, que j'aurais mauvaise grâce à n'y pas répondre, fût-ce à un mois de distance.

Je vous avais parlé, lors de notre entrevue à Uriage, de mon intention de faire l'ascension du Pic de Taillefer. Le projet a été mis à exécution, en compagnie d'un de mes amis, que j'attendais de Paris.

Le jeudi 1er juillet, vers trois heures et demie, nous partions d'Uriage, emportés vers Séchilienne par les excellents chevaux de Basset. Le brave Boissac, le vieux propriétaire de l'Hôtel du Petit Versailles, que j'aurai l'occasion de mentionner en cette lettre, revenait du Bourg-d'Oisans pour nous dire qu'il trouvait « l'excursion jolie, séduisante, » mais le temps peu sûr. « Par exemple, ce qui est sûr, ajoutait-il, c'est mon ami Peillaud, guide et chasseur de chamois, hors ligne; il connait le Taillefer encore mieux que moi. » Peillaud! s'écrient les habitués de l'auberge à la ronde. Vive Peillaud! déclame un gigantesque gendarme un peu en gaité, ôtant d'une main son tricorne, levant de l'autre un verre de petit bleu de La Morte. Effectivement, nous apercevons à cent pas de nous la silhouette de l'Attila du chamois dans l'Oisans, un mâle grisonnant [1] mais droit, vert, vigoureux. Sachant qu'il n'avait pas affaire à des chasseurs, il n'avait ni fusil, ni chien : il devait s'en repentir plus tard.

Le vent soufflait du midi, mais le ciel était bleu; nous armant de courage tous trois, nous nous embarquons à six heures et demie du soir pour La Morte, à travers un bouquet de bois joliment gazonné et en suivant d'innombrables lacets assez bien entretenus. Au milieu de la montée, une pluie nous jette sous

---

[1] Notre ami Peillaud a 76 ans. Chef de la tribu qui occupe l'Ile Falcon, sur les bords de la Romanche, on prétend que sa descendance ne se compose pas de moins de *soixante-seize* enfants, petits-enfants ou arrière-petits-enfants, car il est arrière-grand-père, ce brave Peillaud. Bien qu'habitant de droit la plaine, il est de fait toujours à la montagne. Nous recommandons aux *pas forts de jambes* de ne pas se mesurer avec lui.

En relisant ce récit (septembre 1887), douze années après l'ascension, ce n'est pas sans émotion que je pense au pauvre Peillaud, aujourd'hui quasi nonagénaire et obligé de vendre son fusil, son vieux et fidèle compagnon de la montagne, pour cause de cécité!

un chêne, mais Peillaud n'en augure rien de mauvais pour l'avenir.

Le lendemain matin, nous sommes sur pied dès six heures. Le temps est frais, le ciel rendu brillant par la pluie de la soirée. En marche! Nous passons devant une maison dépendant de la petite hôtellerie de La Morte, et que je conseillerais fort à la *Société des Touristes du Dauphiné* de louer. Ces braves gens de là-haut font bien de leur mieux pour contenter les voyageurs; leurs prix sont modérés, mais leur literie se compose uniquement de litière dans une grange. Pour le foin, passe encore! mais les puces s'en mêlent, et l'on préfèrerait tout autre réveil-matin. Dans la bicoque que nous avons vue en passant, six lits tiendraient aisément; on n'aurait qu'à approprier le logement, à agrandir les fenêtres, et l'on abandonnerait la nourriture et la buvette à la propriétaire, qui m'a dit qu'elle louerait presque pour rien, en échange. [1]

Nous attaquons, par un splendide soleil, le magnifique bois de sapins qui surplombe La Morte; nous apercevons, loin déjà derrière nous, la route de Gap, celle de Briançon, Laffrey; puis nous suivons en zig-zag l'arête de Brouffier, passablement ennuyeuse. A la descente de l'arête, à cent mètres de distance d'un grand étang en contre-bas, à droite, nous faisons halte une bonne heure pour déjeuner.

---

[1] L'installation, que j'étais un des premiers à réclamer, a été faite depuis par les soins de la S. T. D.

Une source assez pauvre nous fournit de l'eau, et c'est l'un des désagréments de l'ascension du Taillefer, la rareté, la faible qualité de l'eau. Bientôt, après avoir traversé un petit plateau, nous longeons la crête qui, en une heure et demie, doit nous mener à la *Pyramide*, à travers des détritus de pierres, des fragments de rochers qui ont dû souvent se repentir du voisinage de la foudre, et qui ont une couleur fortement minérale (il parait qu'on a essayé sans succès, par ici, l'exploitation d'une mine de plomb.)

Première déception ! le vent devient mou, les nuages de l'horizon prennent une teinte plombée, les montagnes se voilent peu à peu. A gauche, les lacs de *Puney* et de *Poursollet*, encadrés dans la végétation, brillent comme des gouttelettes sur un tapis de billard ; à mille mètres au-dessus de Poursollet, un autre petit lac anonyme, que nous baptiserions volontiers du nom de *Lac Bleu*, nous apparait aussi, moitié gelé, moitié fondu, et sur la limite de la neige et de l'eau, zébré d'une frange d'azur du plus pittoresque effet. Agréable paysage ; le joli se montre, mais le grandiose nous fait faux-bond presqu'à chaque pas. Quand nous sommes au bout de cinq heures et demie de marche totale, Peillaud, qui était soucieux depuis plus d'une heure, devient tout à coup grave. « Nous n'avons plus qu'une demi-heure d'ici à la grande Pyramide, nous dit-il, mais le temps nous l'enlève. Voyez donc ce ciel qui se charge ! Vrai Dieu, voilà bien la cinquantième fois que je monte au Taillefer, mais ça été bien rarement sans une visite du tonnerre. Descendons, et lestement! »

Vous, cher Monsieur, qui avez souvent passé par ces cruels désappointements à la montagne, vous vous imaginez aisément notre rage en entendant ces paroles. Adieu, Valjouffrey, Pelvoux! adieu, Grandes-Rousses et Sept-Laux! Après un quart d'heure de descente, attendant toujours l'orage, un spectacle curieux nous arrête. Un régiment de cinquante chamois, précédé de son avant-garde, surgit à deux cents pas au-dessous de nous, biaisant les flancs des monts, traversant la neige avec la rapidité du vol de l'oiseau. Subitement, la bande s'arrête, un groupe s'en détache et rebrousse que si que mi son chemin. C'est une mère avec son jeune faon, âgé peut-être de huit jours, qui, le sentant incapable de fournir une course aussi vertigineuse, le ramène prudemment à son gîte de nuit. Trait touchant de l'instinct du chamois, une des bêtes les plus intéressantes de la création, par ses formes gracieuses, son allure aérienne, sa sobriété, son genre de vie. L'œil de Peillaud étincelle; le Nemrod se réveille........ Il se tâte, regarde autour de lui comme pour quérir fusil et chien........ Trois gouttes tombent: « Nous sommes *pincés!* s'écria-t-il avec une voix où perçait la déconvenue du chasseur triplée par le désespoir du chasseur; maintenant, gare à nous! »

Il achevait à peine: la rafale se déchaîne, nous enveloppe dans l'entonnoir des falaises;

la foudre gronde à cinquante mètres au-dessus de nous ; nous sommes fouettés par la pluie, sanglés par la grêle, et nous descendons, les pieds refroidis, les mains gelées, le visage brûlant d'influx électrique, sur des pierres roulantes, sur les cailloux mouillés, sur la terre tournée en boue ; nous descendons, toujours, forcément, mécaniquement presque, et, à un moment donné, nous recommandons notre âme à Dieu. Une demi-heure après, nouvelle pluie, seconde tempête, mais beaucoup moins intense que la première ; enfin, après nous être *entraînés* sur les pierres, après avoir traversé cinq ou six flaques de neige, quelques-unes larges de 100 mètres, une fiche de consolation était réservée à notre imprudence. Belledone se montrait, la seule montagne dont nous ayons bien joui ce jour-là, éclairé dans tout son ensemble par le soleil couchant. Ce massif sublime, surmonté de sa double pyramide, représentait, avec ses taches de névé, ses glaciers, ses flancs aux sommets élargis, une table colossale en granit, constellée de plats d'argent énormes, et du milieu de laquelle se serait élancée une pièce montée féerique.

Enfin, nous dirigeant vers Gavet, notre point de mire, nous faisons halte vers les cinq heures et demie à la vacherie du lac Poursollet. Le vacher s'est montré complaisant ; son lait est délicieux, son café parfait, ses fromages superbes ; mais on ne peut aborder chez lui qu'en s'enfonçant dans la boue jusqu'aux genoux. On a beau faire ; ce *reposoir* de Poursollet si attrayant, si vert, si sauvage à la fois, ne peut devenir fréquentable que si la terre est battue, les chemins créés, un chalet établi, un chalet indispensable aux chasseurs comme aux ascensionnistes.

La remarque s'applique bien plus rigoureusement encore à la descente de Poursollet à Gavet. Non que cette gorge manque d'intérêt : je la préfère, de beaucoup, au *Trient* (Valais) et elle balance les galeries du Fier (Savoie) ; mais, à partir de la seconde moitié, le chemin devient tellement caillouteux qu'on en est à regretter les pierres du sommet, qui ont au moins pour excuse la hauteur à laquelle elles roulent. Ce chemin assommant, éreintant, tuant, ce chemin contre lequel Peillaud maugréait et tempêtait en assurant qu'il l'évitait souvent, cet abominable *coupe-haleine* et *brise-jambes* a de quoi dégoûter et au-delà quiconque ne serait pas montagnard-né, ou, comme moi, ascensionniste modeste, mais passionné. Beaucoup de montagnes, qui ont de 300 à 500 mètres de plus que le Taillefer, offrent, à la dernière descente, un pas plus humain : le Buet (Savoie), le Titlis (Suisse, Unterwalden), le Vignemale (Pyrénées). Que faut-il donc faire ? Tourner la difficulté ? Descendre par le Moulin-Vieux ou par Ornon ? Trop long ! d'ailleurs « tous les chemins, me disait Boissac, sont raides, » traduisez : détestables. Gardons Gavet donc, mais réparons vite Gavet ! O *Société des Touristes du Dauphiné!* écoutez la requête pressante d'un de vos membres étrangers qui s'intéresse le plus à votre prospérité et à celle de votre adorable pays!

Je ne saurais terminer cette relation, déjà trop longue, mon cher Monsieur, sans décerner des éloges sérieux au brave Peillaud. Comme tous les bons guides[1] il est sobre, prudent, vigoureux; je ne crois pas que son rayon d'excursions soit très étendu; mais il sait fort bien ce qu'il sait, notamment l'Oisans. Il est excellent tireur, par dessus le marché, ce qui le rend précieux aux coureurs de chamois et de coqs de bruyère. Il est chasseur dans l'âme. Le soir, après avoir récapitulé les fatigues de la journée, pour avoir manqué son petit chamois il en avait la larme à l'œil.

Quant aux Boissac, c'est une famille presque antique; un trait suffira pour la caractériser. Pour nous avoir reconduits en pleine nuit, de Séchilienne à Uriage (nous étions traînés par une mazette, mais trop heureux de l'avoir), j'offris, à l'arrivée, quinze francs; je craignais n'être pas généreux. Boissac fils n'a pas consenti à recevoir plus de dix francs. — « Je vous ai trop mal conduits, la bête a marché trop lentement, » a-t-il allégué pour raison de son refus; pas moyen de le faire déferrer. Je recommande cet exemple de probité à beaucoup de cochers d'Uriage.

---

[1] Peillaud ne guide pas les étrangers par état. Quand il veut bien accompagner quelqu'un, c'est qu'il veut faire plaisir et se faire plaisir. Il faudrait trouver en Dauphiné beaucoup d'hommes pareils et la mission de la *Société des Touristes* serait singulièrement simplifiée.

Revenons à votre aimable lettre. Je maintiens toujours la promesse que je vous ai faite, de racheter ma redevance annuelle à la S. T. D. par une cotisation à vie; mais, pour cela, j'attends que le nouveau principe soit introduit dans les statuts et voté à l'une des Assemblées générales de la Société.

J'ai lu avec un vif intérêt la légende de Madame Louise Drevet : *Les Trois Pucelles*. Qu'elle agrée mes compliments et hommages.

II

ASCENSION

DE

CHAMECHAUDE

Uriage, ce 14 juillet 1876.

A MONSIEUR XAVIER DREVET,
Directeur du Journal *Le Dauphiné*.

Puisque *Le Dauphiné*, votre savant et intéressant journal, a si favorablement accueilli ma relation sur le *Taillefer* l'an dernier, voudra-t-il ouvrir ses colonnes à ces notes sur le *Chamechaude?*

Il y a quinze jours, un de mes meilleurs amis, un camarade d'enfance lyonnais, A. G***, me manda par la poste qu'il voulait faire avec moi l'ascension du mont Chamechaude, m'indiquant la date du dimanche 9 juillet. Je ne me le suis pas fait dire deux fois, et samedi soir je me trouvais à Grenoble, me faisant une fête d'être guidé par G***, le touriste peut-être le plus intrépide de Lyon.

Après une légère collation composée de galettes et de café noir, nous nous embarquons à six heures du matin. Route charmante, embellie encore par le temps. Le chemin, laissant à gauche des ravins desséchés, serpente à travers de beaux terrains ayant appartenu aux Chartreux, des villas riantes, des cottages égayés par le lierre et l'églantier.

On aperçoit la tour d'Arvilliers, le beau couvent de la Providence, puis à travers Montfleury, Bouquéron, on atteint les premiers mamelonnements du St-Eynard, sur lesquels perche pittoresquement Corenc.

Cette route, moins grandiose forcément que la chaussée de Sallanches à Chamonix, mais aussi plus gracieuse, moins écrasante, mieux douée pour la perspective, puisqu'elle embrasse le massif le plus intéressant des Alpes de l'Isère, Belledonne, Taillefer, les groupes d'Allevard et d'Uriage, la Moucherolle, le bassin du Drac, — mène au Sappey en trois heures. Ce village, logé au pied de belles sapinières qui lui envoient leurs émanations hygiéniques, sert de halte sur la chaussée de voitures entre Grenoble et la Chartreuse. Il nait où meurt la pente qui conduit obliquement au faite et à la forteresse du St-Eynard, et il s'abrite sous le dos du Mont-Rachais, qui pousse, sans solution de continuité son bloc énorme de végétation jusqu'à Chambéry.

Au Sappey, nous tombons sur une aubergiste, Madame Ch. R***, robuste montagnarde, encore accorte, mais qui a un défaut ce matin, c'est d'avoir marché sur une mauvaise herbe. Malgré notre bonne mine, notre belle humeur, notre porte-monnaie plein, elle nous reçoit comme des chiens dans un jeu de quilles. J'étais bouche béante devant cette bousculâde inattendue : « Cette bonne femme n'est « ni aussi méchante, ni aussi malheureuse « qu'elle en a l'air, me coule à l'oreille G***, « qui est monté six fois à Chamechaude, et

« connait tous les cancans de l'endroit. La
« construction du fort fait prospérer son au-
« berge, la scierie voisine lui rapporte beau-
« coup d'argent; mais elle est très jalouse de
« son mari, qui pourtant ne la délaisse pas,
« car c'est l'époux le plus fidèle du canton.
« Demandez-lui plutôt combien elle a d'en-
« fants. — Combien, Madame? -- Oh! Mon-
« sieur, ne m'en parlez pas. — Pourquoi
« cela? — J'en ai tant, que, ma foi! il me serait
« quasi impossible de les compter. — Mais
« encore? — Douze ou treize, Monsieur, tous
« vivants comme vous. — Et vous ne pensez
« pas vous arrêter en si beau chemin? — Ma
« foi, non! Monsieur. » Nous nous tenons les côtes, et après nous être lestés d'un excellent consommé au pain et aux œufs, nous attaquons la montée avec un bon guide.

Neuf heures et demie. Ici le temps est beau; là-haut, voilé; mais c'est la bise qui souffle, et nous pensons être dédommagés après quatre heures de marche. Au bout d'une demi-heure, nous biaisons par une belle forêt de sapins et de fayards, où parmi le terreau et les branchages, nous remarquons des fourmilières phénoménales, de deux mètres de haut; G. leur suppose un demi-siècle d'existence. A onze heures, halte. Nous recollationnons près d'une source mignonne et fraiche, en contrebas de la cabane du *Berger de la Montagne*. Quel gite, bon Dieu! Des planches mal ajustées, posées les unes contre les autres en forme de triangle et tenant comme des cartes à jouer; pas de serrure à la porte, pas même de loquet grossier: seulement pour tenir le pâtre en éveil, soit de près, quand il fait nuit et qu'il dort dans sa cabane, soit de loin, quand il mène paître ses brebis, une petite clochette au son fêlé accroche le montant supérieur de la porte, et dès qu'on l'ouvre, l'avertit. A l'intérieur, une boîte avec rebords posée sur des tréteaux et garnie de feuilles sèches, voilà le lit; une marmite à lait, pas davantage, suspendue au-dessus de quelques bribes de bois mort éteint, voilà la cuisine; une croûte de pain qui dure peut-être quinze jours, voilà le menu quotidien. Nous éprouvons le besoin d'interroger cette façon d'ermite :

— Quel est votre état?

— Gardien de moutons.

— Restez-vous toujours ici?

— Depuis avril jusqu'en octobre.

— Comment vous nourrissez-vous?

— Avec du pain et du lait de brebis que je trais moi-même.

— Jamais de viande?

— Jamais.

— Et les pluies, les bourrasques fréquentes et épouvantables à cette hauteur, et la solitude presque continuelle, coupée souvent par des coups de foudre, vous y faites-vous?

— Faut bien.

— Descendez-vous de temps en temps durant vos six mortels mois?

— Je descends quand ma *griche* de pain est finie : alors j'y suis forcé.

— Et vos moutons, les comptez-vous souvent ?

— Rarement : il me faut pour cela un *passage*, ce qui n'est pas facile à trouver. Si j'en perds, dame ! on me retient cela sur ma paye. (Je n'ai pas osé insister sur le chiffre de cette paye, qui doit être fabuleux.)

— Et vous savez lire et écrire ?

— Que non, Monsieur ! si je savais lire et écrire, je ne serais point ici !

Comment résister à la tentation de reproduire mot pour mot cet interrogatoire si simple, si sobre, touchant presque, et terminé par un trait final si grand ? Quel beau thème à déclamations pour les partisans du suffrage universel qui ne tarissent pas sur la soif insatiable d'instruction dont est dévoré le peuple, — quoique l'exemple, au fond, ne prouve rien du tout !

Le berger Brun nous est sympathique ; nous l'emmenons en haut, et nous nous déchargeons sur lui de quelques vêtements.

Midi et demi. Nous sommes à la *Cheminée*. On s'y fend très proprement la main sur des pierres tranchantes, mais en réalité, on ne butte contre aucune difficulté sérieuse. « Ah ! « me dit G., si vous voyiez un jour la cheminée « du Grand Pic de Belledonne, à la bonne « heure ! quelle escalade ! »

A *une heure 10*, nous foulons la crête. Excellent déjeuner : trois bouteilles de vin y passent.

Deux heures. Nous *possédons* notre repas, mais non le panorama ardemment convoité.

Notre guide s'endort, face contre terre. Silence. Anxiété croissante.

Trois heures. Notre berger a envie de suivre l'exemple du guide. Nous l'arrêtons dans son élan de somnolence.

— Eh bien! mon brave Brun, êtes-vous content d'être venu avec nous en haut? (Notez, qu'en bas, avant de lui demander un service, touché de sa misère, je lui avais donné de l'argent.)

— Parbleu! Monsieur, c'est que si ça ne m'avait pas plu, je ne serais certainement pas monté.

Cette réplique, lancée sans aucune jactance, avec bonhomie, le cœur sur la main, provoqua de notre part un gros rire de surprise et de plaisir. « Vous êtes un fier cœur, Brun, lui « dis-je. Vous nous avez accompagnés parce « nous vous plaisons et non parce que vous « voulez être traité en guide salarié. Bravo! « mon cher. Tenez, nous triplons votre récom- « pense et notre cadeau. » Et, ce faisant, nous nous mettons à observer notre homme, qui nous frappe par sa belle stature, son air mâle et doux, ses yeux gris perçants et fins, sa gaîté contenue. Rien de vulgaire, un parler presque distingué. Qui sait, me disais-je mélancoliquement, d'où cet homme sort? Un enfant trouvé, un fils de famille abandonné, mais en qui les nobles élans gémissent à peine développés et enrayés! Un coupable, grand ou petit, qui fuit la civilisation parce qu'il hait la contrainte des lois ou qu'il craint leur châtiment!

Quatre heures. Le vin s'épuise, la chartreuse est gravement compromise. Nous attendons, palpitants. Un rayon de soleil nous fait bondir tout à coup. En cinq secondes nous sommes sur la crête, et nous voyons..... — Vous y êtes : le panorama de Chamechaude, n'est-ce pas ? — Chamechaude ?... — Oui, — une autre fois ! Trois heures durant, nous avons vécu entre bise et vapeurs, - - sans pluie heureusement, causant, riant, observant, philosophant même, — mais de panorama de Chamechaude, point !

G., l'enragé, veut rester en haut jusqu'à 8 heures. Je l'en dissuade, et le sommet de la montagne, qui persiste à rester masqué, nous prouve, à la descente, que je ne me suis pas trompé.

Nous sommes au Sappey, à 6 h. 1/2 ; nous nous remettons en voiture à 7 h. 1/4.

« — Voyez-vous, me disait G., pendant que « nous contournions la pente du joli vallon « de Vence et que nous devisions sur l'avenir « et de la nouvelle chaussée de la Chartreuse, « et de la station du Sappey comme cure « d'air, — voyez-vous, mon cher, la montagne « s'est présentée à nous aujourd'hui, non dans « un état exceptionnel, mais sous sa face « habituelle, normale même. Notre déconfi- « ture n'a rien que d'ordinaire. Aussi faut-il « apprendre à aimer la montagne comme on « aime l'art ; il faut l'aimer pour elle-même, « non pour le résultat incertain d'un panora- « ma à conquérir ou à contempler ; il faut

« l'aimer pour l'air qu'on y respire, pour les
« forces qu'elle nous donne, pour le sentiment
« de l'infini qu'elle nous inocule ; c'est déjà
« bien assez. Raisonner autrement, c'est s'ex-
« poser à se dégoûter d'une des plus subli-
« mes jouissances que la nature ait départies
« à l'homme. Respectons les caprices de la
« Montagne, et bénissons la divine Coquette
« chaque fois qu'elle daigne nous tenir pa-
« role.

« — C'est vrai, répliquai-je, et puis il y a
« encore une autre consolation pour ceux qui
« voient dans l'escalade autre chose qu'une
« gymnastique. Quand on n'a pas le granit ou
« le glacier, on a le sapin et le fayard ; quand
« on n'a pas la montagne, on a la plante et la
« bête ; on devient chasseur ou botaniste (et
« quelle ravissante flore que celle du Dau-
« phiné !) ; quand on n'a ni montagne, ni
« plante, ni bête, reste toujours l'homme,
« l'étonnant spectacle, le perpétuel sujet
« d'études pour l'observateur et le philosophe.
« Le Dauphinois est curieux à étudier. Comme
« son voisin le Savoisien, il a l'esprit clair, le
« parler correct, le patois pas trop inintelli-
« ble. Je le crois même plus fin que le Savoi-
« sien.

« — Parbleu, me dit G., puisque vous avez
« mentionné l'an dernier les Boissac de Séchi-
« lienne dans *Le Dauphiné* ; envoyez donc
« cette année votre *crayon* de Brun, des
« Adrets, à M. Xavier Drevet.

« — S'occupe-t-il toujours de la *Société des*

« *Touristes du Dauphiné*, pour laquelle il a tant « fait ?

« — Il s'en occupe si peu qu'il vient de « donner sa démission il y a quelques mois. « On lui a rompu en visière parce qu'il avait « un tort, c'est d'avoir trop raison.

« — Bah !

« G. se mit à me donner des détails.

« — Tiens ! tiens ! la *Société des Touristes* « *du Dauphiné* a une singulière manière de « faire ses affaires, m'écriai-je d'un ton désap- « pointé. J'avais fait proposer l'an dernier à « l'Assemblée générale le vote du principe du « rachat par une cotisation à vie, heureux que « j'étais de venir appliquer le premier le « principe. Ma demande ne semble pas avoir « été prise en considération. Sans me décou- « rager, j'apportais cette année cinq cents « francs que j'avais chargé M. Xavier Drevet « d'offrir à la Société comme base de sous- « cription pour la construction du chalet de « Belledonne, et j'apprends que la Société « s'est privée de gaité de cœur du concours « d'un homme très actif, on ne peut plus « désintéressé, Dauphinois dans l'âme, son « vrai fondateur, sa cheville ouvrièra ! La « *Société des Touristes du Dauphiné* ne tient « pas ce qu'elle a promis. Fasse Dieu que « l'exemple de son puissant rival, le *Club* « *Alpin français*, ne la contagionne pas et « qu'elle ne mette pas la bibliographie à la « place du *tourisme* et de l'*ascensionnisme !*

« — Ces Messieurs me font l'effet d'un ba-

« teau à vapeur qui se casse une roue pour
« mieux marcher, dit G., en allumant une
« cigarette. »

Il était huit heures et demie. Nous étions montés en trois heures au Sappey ; nous en étions redescendus en une heure et quart. G. et moi nous nous serrâmes la main, non sans avoir remercié madame Seigle de ses excellents chevaux montagnards et de la bonne tenue du cocher.

III

ASCENSION

DE LA

GRANDE MOUCHEROLLE

Uriage, ce 20 juillet 1876.

Je redemande au journal *Le Dauphiné* l'hospitalité pour le récit de l'ascension de la Grande-Moucherolle. Cette ascension m'a paru encore plus intéressante que les précédentes :

Départ de Grenoble, samedi 15 juillet, à six heures du soir pour le Villard-de-Lans, avec MM. Xavier Drevet et L.-Xavier Drevet, le père et le fils.

Au bout d'une demi-heure, arrivée à Sassenage. Nous entrons dans l'église pour admirer la pierre tombale de Lesdiguières. « Les os du connétable ont pu se trouver là-dessous autrefois, » nous dit le bedeau de la paroisse, « mais « moi qui n'ai jamais quitté Sassenage, il me « souvient d'avoir vu un jour l'Isère fort en « colère ; elle s'était tellement gonflée, qu'elle « avait bel et bien envahi les dalles de l'église. « Les os du connétable ont-ils tenu bon contre « l'inondation ? Avons-nous bien ici les cen- « dres authentiques de Lesdiguières ? C'est « possible, car la foi sauve ! »

De Sassenage la route, qui monte immédiatement, décrit une forte courbe jusqu'aux *Cuves*. En nous retournant nous disons adieu au

Casque de Néron, aux rochers de Chalais, au village de Quaix, que domine l'aiguille de la Pinéa. Bientôt, vers les huit heures et demie, nous nous enfonçons dans le passage des *Portes d'Engins*, non sans avoir longtemps remarqué les *Trois Pucelles*, cette triple lame rocheuse, inaccessible. Au-delà du passage, la route, s'élargissant, monte et descend tour à tour; mais l'obscurité augmente, et la clarté des étoiles ne remplace pas une lune que nous regrettons. « Quel dommage, me dit un de mes compagnons, M. Xavier Drevet, en pénétrant dans les *Gorges d'Engins*, que la :

« — Chaste reine des cieux, beauté mélanco-
« lique, — ne consente pas à nous regarder
« cette nuit ; ou plutôt, quel dommage que
« nous n'ayons pu partir quatre heures plus
« tôt ! Laissant la voiture nous devancer, nous
« aurions pris, au sortir de Sassenage, un sen-
« tier charmant, bordé de taillanderies hydrau-
« liques, rafraichi par les bouillonnements du
« Furon, animé par des hameaux ombragés et
« aboutissant au pont Charvet. Et maintenant,
« comme vous jouiriez des tons diaprés que la
« palette magique de la lumière jetterait sur
« ces gorges ! Ici, l'effrayant ; là, le gai ; ici, le
« sec, l'abrupt ; là, le touffu, l'éclat austère de
« la végétation alpestre, le glou-glou argentin
« d'un filet d'eau qui s'échappe, les caprices
« gazouilleurs de la *Lutinière*, cette Naïade
« dauphinoise que vous n'aurez pu même en-
« trevoir ! »

Cependant nous avons franchi vingt kilomètres et dépassé les gorges. Il est neuf heures et demie. Nous laissons à gauche le village de Lans, sur la ligne de partage des eaux du Furon et de la Bourne ; nous pensons un instant aux atrocités que feu le baron des Adrets a dû commettre en ces parages, et, descendant la Bourne, nous traversons les *Geymonds*, pour aborder au *Villard-de-Lans.*

Nous descendons de voiture à l'angle de la grande place du Villard, décorée de maisons dont la construction solide ne manque ni de propreté ni d'agrément. Nuit noire. Plus — j'allais dire (ô infernale routine du citadin !) de gaz; pardon : — d'huile dans les quinquets des trois ou quatre reverbères du chef-lieu de canton. Pas une âme. Pourtant, après avoir deux fois frappé, mais en vain, aux portes et aux fenêtres de la première auberge de céans, nous avisons, s'avançant sur nous, deux silhouettes, qui m'auraient volontiers rassuré, si... Nous sommes sauvés, s'écrie M. Xavier Drevet. Deux gendarmes ! Ils vont nous prêter main forte, pour obtenir table et gîte. Holà ! Messieurs ! Et notre chef de file s'approche d'un des dignes gardiens de la paix communale déclinant nos personnalités et la sienne.

— C'é-é-est bien, repart l'un d'eux.

— Voudriez-vous avoir l'obligeance de nous faire ouvrir cette auberge? Notre estomac crie de faim, nos dents claquent de froid.

— C'est selo-o--o-n.

— Comment, c'est selon ! ne sommes-nous pas dans notre droit de solliciter votre protection ?

— Vous venez tro-op ta-a-ard, lui répond

l'un des deux. Il n'y a plus personne de levé au Villard.

— Il n'y a pas d'heure à la montagne. Trouveriez-vous par hasard que nous sommes de trop au Villard ?

— Ou - ou - i, un peu - peut-être.

.... [1]

Cependant l'alternative entre coucher sur la paille ou dormir sur un banc de pierre, se dressait menaçante devant nous, quand deux nouveaux coups, vigoureusement assénés sur la porte, font jaillir, comme d'un briquet, un fil de lumière à travers la fente des volets du premier.

Il paraît que c'était le premier sommeil ; il paraît aussi que nous venions tarabuster la lune de miel de deux tout jeunes mariés. On nous conduit dans une grande pièce, d'assez bonne mine ; c'est propret ; de beaux gros draps blancs brillent sur les lits. Cela nous réconforte quelque peu. C'est qu'il ne s'agit pas de flâner. En deux temps, le fiévreux, l'infatigable Xavier Drevet a été réveiller le guide qui demeure à une centaine de mètres de l'auberge, et qui n'en voulait pas croire ses lunettes ; en trois bonds le voici rendu : « Il est minuit, vite « dans vos couvertures, Messieurs ! Et demain, « à quatre heures, debout, tout ficelés ! (style de zouave !) » — Ah ! c'est un diable d'homme que ce Xavier Drevet ! Tant de douceur dans

[1] Quelque temps après cette petite scène nocturne, le susdit gendarme fut changé de poste.

l'autorité, tant de prudence dans le courage, et avec cela un patriotisme dauphinois si intéressant et si peu banal !

A quatre heures et demie (nous datons l'ascension du dimanche matin seize juillet), nous nous dirigeons sur la Moucherolle. Nous sommes cinq : les deux Drevet, moi, un porteur de provisions Joseph Fouillet, un guide Beaudouin, dit Bedeau, l'homme qui connait le Vercors mieux que son Pater, l'*Ours de la Moucherolle.*

Nous marchons dans la direction du levant, mais en débutant par un vaste circuit, dont le bourg ou le hameau de Corençon est la première étape. Nous attaquons un sentier long, pierreux, mais doux, parmi des sapins rabougris, mais qui nous distribuent, deux heures durant, leur ombre bienfaisante. A huit heures, nous avons atteint 1,800 mètres ; plus de sapins ; mousse et pierre partout ; temps et silence superbes. La pierre, si banale, si rabattue, est à noter ici, car, comme on verra plus loin, elle communique au paysage un caractère particulier. Vers huit heures et demie part, d'une des croupes de la Moucherolle, la première flèche de soleil. Un petit filet d'eau nous indique que c'est l'heure de la collation. A neuf heures, Bedeau se consulte; il lève le nez comme le chien de meute qui happe une piste : couperons-nous droit devant nous à travers ce désert de pierres qui n'en finit pas, ou forcerons-nous un peu sur la droite, vers le sud, nous glissant le long de cheminées bénignes, et suivant jusqu'au même col une trace de moutons ou de biques moins exténuante ?

C'est à ce dernier parti que s'arrête Bedeau ; il préfère nous réserver la grande odyssée de pierres pour le retour. A dix heures et demie, nous sommes au col ; nous y respirons à peine quelques minutes, impatients que nous sommes de faire connaissance avec le pic qui nous surplombe encore d'environ cent mètres. La cheminée que nous attaquons, sans être précisément périlleuse, est néanmoins plus sérieuse que celle du *corridor* de Chamechaude. Après elle, puéril serait de mentionner un énorme bloc qui barre le passage et sous lequel il faut passer à plat ventre, avant d'atteindre le sommet, que nous touchons à onze heures.

Panorama magnifique, mais partiel à cause du temps. A l'ouest, les forêts immenses, profondes, quasi-vierges du Vercors ; plus loin, les monts du Forez ; plus loin encore, à trente-cinq lieues au moins, les Cévennes, qui disparaissent dans la brume. Derrière nous, à l'est, rien, à cause des nuages. Néanmoins, les rafales de la bise, jalouses de notre plaisir, nous gratifient de quelques trouées splendides, tableaux lumineux et énormes, improvisés dans un cadre de nuages. « Voyez ! s'écrie avec « feu M. Xavier Drevet, voyez Taillefer qui se « montre ; Belledonne qui étale ses magnifi- « cences neigeuses ; la Pyramide acérée des « Sept-Laux, qui déchire le dais de saphir du « ciel ; l'Etendard, le plus fier de tous, qui « défie le masque des nuages et nous contem- « ple depuis une heure, drapeau colossal de « granit et de glace planté dans l'infini ! »

A une heure, nous avons déjeuné. Nous

n'avons cessé de regarder. M. Xavier Drevet s'est aventuré vers l'est pour *tâter le pouls* à dame Moucherolle et examiner la possibilité d'une descente sur Palanfrey. (Ce sera un peu raide, mais on essaiera une autre fois.) Comme l'adage des montagnards « pas de panorama complet à midi, moins de panorama à deux heures, » trompe rarement, nous plions bagage.

Bedeau veut donner une *variante* à notre cheminée, mais celle qu'il nous propose à la descente est plus ingrate encore que celle de la montée. En moins d'une demi-heure, nous nous retrouvons au col, où nous ne nous arrêtons pas ; car la soif nous tourmente, et nous sommes prévenus que nous n'aurons guère d'eau avant une heure.

A partir d'ici, nous suivons, pour descendre, un des chemins (le premier des trois) recommandés par M. Adolphe Joanne pour la montée. Pour atteindre la *Fontaine*, nous contournons la base même du pic, laissant à notre gauche un énorme lac de cailloux, que l'éminent touriste compare poétiquement à « un glacier pétrifié. » C'est immense, terne, presque effrayant de monotonie. A trois heures moins un quart, nous arrivons à la *Fontaine de l'Oulle* ; mais pour trouver cette fontaine, ou plutôt pour la deviner, il faut vraiment avoir beaucoup pratiqué la Moucherolle, comme Bedeau. La source, bouchée à son orifice par une auge informe engravée dans le sable, est refoulée sous une petite caverne ; à peine l'aperçoit-on, à peine l'entend-on murmurer. Mais elle n'est dormante qu'en apparence ; c'est l'eau la plus délicieusement fraîche que j'aie encore dégustée dans le Dauphiné. Pourquoi ce vocable de l'*Oulle*, poétique d'ailleurs, comme toute la terminologie orographique du Dauphiné ? Serait-ce parce que, conformément à l'origine latine *Olla*, l'eau s'est pratiqué dans la caverne une concavité en forme de marmite? L'Oisans a bien son *Eau d'Olle* et le Valgaudemar ses *Oulles du Diable*. Toujours est-il que cette étymologie, pendant que nous achevons nos provisions, préoccupe moins notre esprit que le panorama n'absorbe nos yeux.

Imaginez une immense carrière de craie, d'une étendue de peut-être cinq cents hectares; ondulez cette surface par des hauts et des bas, par des dépressions, des bosses, des éboulis, simulacre de flots pétrifiés; coupez cette uniformité calcaire par des crevasses; semez sur ce Sahara étincelant de blancheur des oasis de pins étiolés; puis, comme contraste, dressez en face l'une des croupes de la Moucherolle, surmontée d'une massive tour de pierres, sorte de cratère, tronqué par le temps, d'un volcan éteint; vous n'aurez qu'une idée vague d'un paysage étrange, qui attend et qui veut son peintre. Mais qui s'attaquera à pareil sujet, même en France (et la France possède la première école de paysage du monde)? Ni Corot avec ses tonalités papillotantes et vaporeuses; ni MM. Hanoteau et de Cook avec leur manière précise, amoureuse de l'ombre et des feuilles fraiches; ni M. Daubigny avec ses empâtements ternes, ne sembleraient pouvoir réussir : il faudrait, pour ce blanc de feu, un homme qui aurait étudié l'Orient, un artiste qui tiendrait au bout de son pinceau la gamme des tons chauds, un Marilhat ou un Fromentin.

Après quelques minutes de rêverie : « — Nous sommes encore là ; allons ! m'écriai-je, une bonne histoire. Vous êtes trois Dauphinois ici : chacun racontera la sienne. »

« — Soit, répond M. Xavier Drevet, et puis-
« que ce paysage d'une grandeur plus que
« sévère tourne l'esprit vers le lugubre plutôt
« que vers le gai, je commencerai en rappe-
« lant dans quelles circonstances le pauvre
« Bressand qui était notaire à Grenoble, a,
« il y a quelque vingt ans, trouvé la mort
« dans ces parages. Il était venu ici pour
« chasser et gravissait la montagne par où
« nous allons la descendre. Il était en nom-
« breuse et, apparemment, joyeuse compa-
« gnie. Soit que l'on eût trop copieusement
« déjeuné à la Fontaine, soit qu'on eût un
« mauvais guide ou pas de guide du tout,
« Bressand, qui, par parenthèse, avait le mal-
« heur d'être très myope, crut plus simple et
« plus court d'aborder le pic par la *Corniche*,
« en allant droit à la tour de pierre qui nous
« domine. Il s'avance, précédé d'un chien,
« qui fait rouler les cailloux sous ses pieds.
« Tout à coup un cri part ; une pierre énorme
« détachée par les gambades du chien, a
« frappé à la tête le malheureux notaire. Le
« pauvre homme crie au secours, se raccro-
« che aux pierres de la pente qui se détachent
« à leur tour, roulent avec lui et précipitent

« sa chute d'une hauteur de cent cinquante
« mètres..... Au bas de la pente, ce n'était
« plus qu'un cadavre fracassé et défiguré !...
« Et dire que la victime s'était embarrassée
« d'un chien sans être chasseur ; qu'il était
« myope ; qu'il n'avait jamais été à la mon-
« tagne. Mais à quoi bon les injonctions les
« plus élémentaires de la prudence quand la
« destinée a sonné votre heure !... »

— Et vous, Louis-Xavier.

« — Moi, mon histoire est plus guillerette,
« dit Louis-Xavier Drevet. Il s'agit d'un rus-
« tique des parages d'Allevard, propriétaire
« de ruches qu'il soignait avec amour. Or,
« un certain jour, il s'aperçut qu'un pillard
« effronté en avait fait disparaître deux des
« plus belles. Le lendemain, même découverte,
« nouveau désespoir du campagnard. Résolu
« de mettre fin à ces entreprises audacieuses,
« qui menaçaient de détruire entièrement sa
« petite colonie, notre paysan arme sa cara-
« bine et se promet de ne pas rater son coup.
« Il se met à l'affût à quatre-vingts mètres
« d'une ruche. Tout à coup un personnage qui
« paraît enveloppé d'un épais manteau couleur
« sombre s'approche. Déjà ses bras s'étaient
« emparés d'une ruche, l'avaient soulevée et
« portée à quelques pas.., le coup part... Un cri
« épouvantable, semblable au rugissement
« d'un fauve, se fait entendre ; puis, plus rien.
« Le cadavre avait roulé au fond d'un précipi-
« ce. Croyez-vous le paysan fier et satisfait ? Ah
« bien oui ! Il rejette avec horreur sa carabi-
« ne à quinze pas ; ses yeux sont hagards ; il

« s'arrache les cheveux : tuer un homme pour « une ruche ! Quel serait le tribunal qui l'ab- « soudrait d'un pareil crime ! Bourrelé de « remords, ne rêvant plus que gendarmes, « prison, guillotine, le paysan vit, quinze jours « durant, en Caïn dans la forêt. Enfin, il sort, « se hasarde timidement auprès des premières « maisons du village, s'informe adroitement « des nouvelles du jour et finit par demander « s'il ne manque personne au pays. Ses voi- « sins le prennent pour un fou. Un peu rassu- « ré, il remonte doucement, attentivement le « ravin qui mène à l'affût : au bout de deux « heures, que voit-il ? — Un ours, oui un ours « bien tué, déjà un peu faisandé même, mais « de ses griffes puissantes étreignant encore « amoureusement une ruche desséchée. »

« — Un ours mangeur de miel, c'est rare, « dans le Vercors du moins ; mais une mule « *tueuse de loups*, en connaissez-vous beau- « coup, demande le père Bedeau, qui attendait « son tour. Eh bien ! je m'en vais vous conter « ça sur le rapport fidèle et sincère d'un de « mes amis du Bourg-d'Oisans, loueur d'ânes. »

Le père Bedeau prend la parole ; mais comme il promet d'être prolixe, je ne sténographie plus.

Il est quatre heures environ ; le soleil nous tourne le dos et nous invite à partir. Nous traversons une longue sapinière un peu traîtresse, car l'herbe du chemin y recouvre souvent des pierres glissantes ; mais quelles gracieuses clairières ! quelle saine odeur de sauvage et d'infréquenté ! Rhododendrons aux pétales vivaces, campanules pensives, digitales jaunes qui recelez à l'intérieur de votre corolle la peau du tigre, comme votre aspect égaye et ranime le voyageur fatigué !

« — En somme, disais-je, cette ascension, sans être vraiment dangereuse, réclame de réelles précautions, et pour une descente de pierres de *sept* kilomètres, une vigoureuse paire de jambes. »

« — Oui, me répliquait M. Xavier Drevet. L'an prochain, nous vous initierons aux splendeurs inexplorées du col de l'Arc et du pic Saint-Michel. Mieux que cela : nous reviendrons du Pic Saint-Michel au Villard pour continuer jusqu'à Pont-en-Royans. Puis, une autre fois, nous couperons la tête à l'Obiou, dite la *Montagne ceinturée*, pour en indiquer le chemin à M. Adolphe Joanne, qui l'a oublié dans son Guide du Dauphiné. »

A sept heures, nous dinons au Villard-de-Lans. Potage parfait, œufs et fromage exquis ; linge d'une blancheur, d'une qualité, d'une propreté comme il y en a bien peu à douze cents mètres au-dessus du niveau de la mer. L'hôtesse, jeune et jolie, se multiplie par sa présence et son désir de nous contenter. Bonne chance à sa petite maison ! Car, chez Mme Imbert, charmant accueil, confortable exquis, tout est fait pour agréer au voyageur.

Un bon point, pour finir, au guide Beaudouin. Il est froid, avisé, prudent. Il connait bien le temps. Il est bon enfant par dessus le marché. Mais d'où diable lui peut venir le sobriquet de Bedeau ? Serait-ce parce qu'il est silencieux et recueilli comme un bedeau ?

Partis du Villard à huit heures, nous sommes rendus à Grenoble à dix heures, grâce à l'équipage de Mme Seigle, pour lequel je répète ce que j'en avais dit la première fois, lors de ma grimpade à Chamechaude.

IV

ADIEUX AU DAUPHINÉ

Sonnet

Ma paupière se mouille et mon âme se serre
En te disant adieu, bien-aimé Dauphiné,
Patrie, et des grands monts et des grands cœurs, ô terre
Où l'on voudrait mourir, n'y serait-on point né !

Vers tes gazons riants, vers tes montagnes fières,
Vingt fois peut-être encor je serai ramené,
Sans que, rajeunissant toujours sa sève altière,
Par l'âge mon plaisir ne soit jamais fané.

Le Goth, poète étrange en son extravagance,
Creusait, en détournant du Tibre la puissance,
Une tombe sans nom à son chef Alaric ;

Dauphinois, éventrant pour mes cendres ta cime,
Belledonne, je fais un rêve plus sublime :
Dormir l'éternité dans la croix de ton pic !

Uriage, 23 juillet 1876.

V

À Louis-Xavier Prevet

EXHORTATION

A Louis-Xavier Drevet

EXHORTATION

Sonnet

Vraiment le cœur me bat et mon regard s'allume,
En t'écoutant conter, jeune et vaillant Drevet,
Toi dont l'adroite main sait manier la plume
Comme entailler la glace à bons coups de piolet !

Quel tableau grandiose avant-hier à la brume
Ton récit plein de verve et d'humour étalait !
Heureuse ambition dont l'effort se consume
A dire : « Nous irons où seul l'isard allait. »

Jeune porteur d'un nom saint, héroïque, illustre
Tu n'as pas même atteint ton quatrième lustre,
Que ton ardeur, bravant ton âge, montagnard,

Déjà d'aucun péril ne s'émeut, ne s'étonne.
Tu nous as brillamment crayonné Belledonne :
Allons n'hésite plus : donne-nous l'Étendard !

Uriage, 31 juillet 1877.

VI

LES SEPT-LAUX

Villa des Cizeaux, Saint-Symphorien près Tours.
31 octobre 1878.

A Monsieur Xavier Drevet,
Directeur du Journal *Le Dauphiné*.

Cher Monsieur et Ami,

Votre spirituel correspondant d'Allevard tombait dernièrement à coups de bec de plume, et d'une plume bien taillée, sur les narrateurs passés, présents et futurs de l'ascension des Sept-Laux. « Les Sept-Laux sont en train de devenir un lieu commun, à l'instar de Champrousse », semble-t-il dire. Lieu commun... eh bien! soit! Les lieux communs montagnards me sont chers; je m'en vais m'y plonger, m'y prélasser même, durant quelques heures de bonne causerie avec vous; et si mon bavardage paraît trop prolixe, mes interjections trop rebattues à votre correspondant, eh bien! frappe sur moi aussi, férule humoristique de l'ex-grimpeur de la Pyramide! C'est si bon parfois d'être sanglé par un homme d'esprit, puis d'en rire avec lui!

I

Or ça, le dix-sept août mil huit cent soixante-dix-huit, à onze heures, une élégante victoria, tout battant neuve, merveilleusement suspendue, parfaitement attelée (mes lecteurs dauphinois devineront l'équipage de Madame Seigle), m'amenait à Uriage Xavier Drevet, le père et Louis-Xavier Drevet, le fils. Le programme consistait à attaquer les Sept-Laux par l'Oisans, Allevard devenant le point de mire de notre descente. En ascensionniste compétent et expérimenté, Xavier Drevet avait pris toutes mesures nécessaires pour racoler ânes et mulets, mettre guides sur pied et aubergistes en provision : c'est que la traite était longue et peu pratiquée, et les haltes indispensables !

Seulement le temps était bien chagrin, bien quinteux, et nous boudait toute la semaine ; la veille même, le vendredi soir, le ciel semblait se complaire à noyer pour de bon nos plans dans deux averses consécutives : que tout amoureux de la montagne juge de mon émotion, quand le samedi matin, à cinq heures, mon domestique me réveillait avec ces mots : *Beau temps !!!* Comme sur ce boute-selle électrisant, vous vous élancez à la fenêtre, comme vous l'ouvrez avec fracas, comme vous humez avec avidité cette atmosphère encore pâle et fraîche dont vous conquerrez tantôt les régions hautes et ensoleillées ! J'insiste sur ce point, car ceux qui ne fréquentent pas la montagne ne se doutent guère, souvent ne comprennent pas combien le vrai beau temps est rare sur les hauteurs et combien d'ascensions sont retardées, tronquées, gâtées par les caprices de l'air ! Je sais qu'il y a une école de fanatiques qui proclame que la montagne est toujours belle, et qu'il y a intérêt à l'affronter contre vents et marées : ceux-là sont ou des *toqués* ou des gens de mauvaise foi. Demandez à ceux qui, parvenus à une demi-heure du Mont-Blanc, sont soudain et impérieusement refoulés en bas par la bourrasque, quelle impression ils en rapportent !

A Séchilienne, à deux heures et demie d'Uriage, j'eus un regret : c'est de ne pouvoir donner une cordiale poignée de main au brave Pelliaud, le vaillant chasseur qui m'avait été si utile lors de ma dernière expédition au Taillefer, en 1875. Il était, parait-il, dans la vallée, en quête d'un épouseur pour sa quinzième arrière-petite-fille (car c'est un patriarche que Pelliaud). A défaut de l'Attila des lièvres de l'Oisans, nous trouvions à son poste et sur son seuil le *porte-clefs* du canton, surnom pittoresque et vrai, que la famille de Monsieur Boissac doit avoir à cœur de garder et de transmettre. Rasé de frais, portant droit ses soixante-dix ans, Boissac m'a paru rajeuni. Costume, tenue et humeur, il était sous les armes, et, me reconnaissant incontinent, me serrait la main en une de ces étreintes d'un muscle inusité ailleurs qu'à la montagne. Trop heureux étions-nous de lui abandonner tous les honneurs de la conversation, pendant que nous croquions un déjeuner appétissant arrosé d'un bon petit cru de l'endroit. Tiens ! le maitre de céans, notre hôte, n'avait-il pas à nous servir toute fraiche, toute chaude, sa tartine de réserve : son récent voyage à Paris et les économiques charmes du train de plaisir, et les étourdissements de la vie parisienne, et les écrasements du Trocadéro, et les étouffements du Grand-Opéra, et les *Fourchambault* vus en famille à travers une loge grillée !

Vrai, mon cher Monsieur Drevet, quand j'ai entendu notre bon Boissac s'échauffer sur les mérites d'Agar, de Got ; quand je l'ai vu se lever, ouvrir lentement un placard, en sortir une colossale lanterne en fer-blanc, acquise pendant et malgré l'Exposition, lanterne sans rivale entre Vizille et le Bourg-d'Oisans, fanal non encore étrenné et réservé aux voyageurs de l'hiver de 1879 ; puis, quand brandissant ce luminaire miroitant des générations futures, il s'est mis à tonner contre le nouveau tronçon du tracé de la route de Briançon, prenant les intérêts des agriculteurs de Livet dépouillés, et appauvris, — et tout cela, sans excitants, sans rasades, par la seule force de la logique, je me suis incliné devant ce noble accès de verve et je me suis écrié à part moi : « Parbleu ! voilà, ou je ne m'y connais point, un homme du bois de ceux dont on fait les maires de Séchilienne ! » La finesse, la fermeté, le sens pratique, sont les qualités essentielles du magistrat municipal : Boissac en regorge.

Nous remontons en voiture à trois heures

trois quarts. Nous passons successivement devant Gavet, dont la gorge à pic parcourue par moi lors de la descente du Taillefer, me redonne encore le frisson ; Les Claveaux, Rioupéroux, Livet ; nous traversons la région qui, à la suite d'un éboulis, fut le bassin du lac Saint-Laurent, et nous nous engageons dans cette zone de plus en plus sauvage, si bien détaillée par le jeune auteur du *Grand Pic de Belledonne*. Cette brochure, aussi précise qu'attachante, n'a que le tort de pécher par excès de modestie, et je serais fort déçu si le précoce narrateur, qui n'est plus un élève en orographie, géographie, récits alpestres, ne comptait bientôt parmi les maîtres.

A cinq heures, nous sommes à Allemont, après le quart d'heure de chemin qui sépare ce village des *Sables*.

Ami lecteur, autorisez une petite digression qui me tient depuis longtemps au cœur : il s'agit des cascades du Dauphiné, si abondantes, si belles, et auxquelles on n'accorde qu'une mention si maigre un peu partout. Je ne songe pas à instituer de parallèle maladroit entre les Alpes dauphinoises et leurs redoutables voisines et concurrentes : les lacs plutôt que les glaciers, Chamonix, Zermatt assurent au massif helvético-savoisien une supériorité indiscutable et qu'un patriotisme déplacé seul oserait contester ; mais je veux puiser en ce parallèle ce qui tourne à l'avantage *exclusif* du Dauphiné, ce qui constitue une des plus puissantes originalités de son paysage : les cascades. J'ai vu la *chute du Rhin*, à Lauffen, malingre chute tant surfaite par les rhéteurs sur parole, et si inférieure à la description de Lamartine ; j'ai revu le *Pisse-Vache,* la *Handeck*, le *Reichenbach*, ces thèmes usés de tous les engouements britanniques : tout cela me laisse froid aujourd'hui. Pourquoi ? C'est que j'ai fait ample connaissance avec la *cascade des Egaux*, long serpent onduleux qui siffle son écume dans le *Guiers-Vif* parmi les abimes du Frou; avec la *cascade de la Fare,* fille du groupe de l'Etendard, vierge dont l'opulente chevelure se découpe en trois ou quatre tresses argentées. Mes yeux, aux approches d'Allemont, ne pouvaient surtout se détacher de cette étourdissante *cascade de Bdlon* qui domine pendant un quart d'heure les sinuosités du trajet. En vérité, à contempler cette chute qui de plus de *deux cents* mètres vient bondir dans la Romanche, on croirait que les lois de la nature sont renversées, et que c'est, non plus le filet d'une cascade, mais la tempête d'un torrent qui s'est redressé, tombe verticalement et vient écraser le vallon !

Donc à Allemont, nous constatons avec plaisir que, conformément à nos instructions, le brave Ferréol Genevois, ci-devant chasseur d'Afrique, avait équipé trois ânes pour nous. Nous voulions tenir nos jambes fraiches pour la pénible montée du lendemain. Mais, hélas ! le brave Favier, le conquérant du Grand Pic, de Belledonne, nous manquait. Nous le retrouverons tout à l'heure.

En revanche, notre première demi-heure de montée ne fuit que trop vite en l'attrayante compagnie de l'abbé Bayle. Cet aimable curé d'Oz est un type intéressant : c'est le prêtre touriste dans sa quintessence. Tout sec, tout nerfs, c'est un pied de chamois mû par un courage de Titan, car il a escaladé plus haut que l'Olympe et il n'en est point encore redescendu foudroyé. Nourri au pied de l'*Elendard*, dont il connaît les détours, dont il a sondé toutes les pentes, foulé toutes les aspérités, franchi toutes les crevasses, il contemple, chaque jour, de la fenêtre de son joli presbytère, le câble du *Grand Pic*, avec le flegme dédaigneux d'un homme coutumier de bien d'autres tours de force. L'armée des prêtres escaladeurs dauphinois le tient pour son général, sans dispute ; c'est aussi un éducateur éminent, surtout en vue de l'escalade transcendante ; car le robuste abbé, virtuose consommé, suppose volontiers ses élèves à son niveau et emprunterait à Jacotot un de ses principes favoris, savoir : mettre le commençant de prime saut en contact avec les plus grosses difficultés. Méthode périlleuse en règle générale (l'expérience l'a démontré pour Jacotot), mais aussi méthode qui, s'appliquant à une organisation spéciale et à une musculature précoce, peut opérer des prodiges. J'en connais des exemples. De quel précieux appui ne nous eût-il pas été dans notre course ! Mais les devoirs sacrés du dimanche sont là ; notre abbé, au bout d'une bonne demi-heure, nous laisse enveloppant dans un double regret et le curé et Oz, son village, que notre itinéraire nous forçait de négliger. Du nid verdoyant d'Oz partait, avec les bouffées de fenaison, comme le dernier rayon de gaieté du paysage destiné à prendre une allure si sévère et si âpre le lendemain.

II

Allemont était derrière nous, à six heures moins un quart, toujours le samedi soir 17 août. Le chemin dans lequel nous nous étions engagés était simplement superbe ; c'était le commencement de la voie stratégique affectée à la mise en communication du Bourg-d'Oisans et de la Maurienne, et que les entrepreneurs se sont engagés à livrer dans dix-huit mois au plus tard. Mais les lacunes et les inégalités du tracé actuel, l'état mal assuré des travaux de soutènement des ponts, enfin le *sic volo, sic jubeo* de l'administration, nous obligent dès six heures un quart à quitter la ligne correcte, la grammaire, pour le sentier, c'est-à-dire le roman.

Mais quel roman que le chemin de bique qui conduit au Rivier d'Allemont ! — Genre Anne Radcliffe et Frédéric Soulié : désagréable, monotone et surtout épais, atroce d'ennui ! Messieurs, Mesdames ! avez-vous envie d'avoir le vertige à quinze cents pieds de hauteur, le long d'un sentier de deux pieds de large qui rase littéralement le bord durant deux heures ? Voulez-vous tâter, sur des croupes d'ânes épuisés, d'une de ces secousses anodines, près desquelles les cahots de la charrette la plus démantibulée figurent comme plume et duvet? Souhaitez-vous d'avoir les joues sanglées, les yeux demi-crevés par des ronces perpétuelles ? Ambitionnez-vous la douce fraîcheur d'un bain de pieds nocturne que votre monture, subitement plongée jusqu'au poitrail dans une fondrière, tient à partager fraternellement avec vous? Etes-vous assez philosophe pour apprendre, sans mauvaise humeur, que le mulet par vous envoyé au Rivier, bâté de pain et de viande, ayant glissé sur le gravier mouillé, a dévalé jusqu'au bas du torrent, puis est remonté tant bien que mal, la croupe complètement affranchie et pariodant dans ses braiements le mot fameux: « Tout est perdu, sauf... la *vie* »? Messieurs, Mesdames, en cas que toutes ces gentillesses vous tentent, allez-y, allez au Rivier! Vous en rencontrerez, en veux-tu? en voilà! N'oubliez pas d'enfourcher vos Rossinantes à six heures du soir, et, en guise de clair de lune, procurez-vous un terne lumignon quelconque! Cela complètera votre plaisir. Toute cette boutade, d'une *stricte vérité*, n'a pour but, pour portée qu'un vœu crié à pleins poumons à l'administration des ponts et chaussées. « Inaugure-toi vite, ô route stratégique de la Maurienne! Sésame. ouvre-toi! »

Certes, c'est un être singulièrement ondoyant que l'homme, puisque quatre heures de fatigue, voire huit heures d'éreintements, s'oublient instantanément en face d'un gite, si simple qu'il soit, où pétille la flamme, où l'hospitalité habite. Telle a été notre impression à l'apparition du chalet de Monsieur Arnol, le curé du Rivier d'Allemont : il était neuf heures du soir. Monsieur Arnol est un digne vieillard, qui ferait tête à ses soixante-dix ans n'étaient les intempéries prolongées du climat et les rigueurs d'une existence rivée à ce nid d'aigles ravagé, qui a nom : le Rivier. Son empressement, ses bons soins, ses va-et-vient témoignaient assez de sa joie à trois visages d'hôtes sympathiques dont deux lui étaient particulièrement connus.

Qu'importe que la cuisine fît corps avec la salle à manger ! Le potage était exquis, les poulets (notre hôte avait égorgé son poulailler tout entier à notre intention) succulents, les fruits bons. Qu'importe qu'on montât à la chambre à coucher par une échelle bouchée moyennant une trappe ? Le lit, son propre lit, dont Monsieur le curé avait bien voulu me faire l'honneur, était spacieux ; sur des matelas fermes s'étendaient frais et blancs des draps en toile de Voiron, cette toile de chanvre odorante et rugueuse, sur laquelle les dormeurs raffinés se roulent avec mille fois plus de volupté que sur la vile batiste des citadins !

C'est le pain de munition qui parfois enfonce la brioche !

Le curé Arnol est un des soldats de cette admirable milice des curés de campagne que le catholicisme répand, entretient, renouvelle avec une si inépuisable fécondité ; étoiles de minime grandeur semées à profusion dans le ciel terrestre du chrétien; foyers modestes, mais ardents, de foi, de morale, de culture intellectuelle qui servent d'âme à tant de hameaux perdus; personnalités obscures mais fortes, qui n'ont que l'abnégation pour diadème, la pauvreté pour orgueil, et dont la grandeur morale se *hausse* avec les *hauteurs* mêmes qu'elle vivifie. Car là où l'homme se raréfie, où le fruit disparait, où la fleur s'étiole en bouton, où le gazon lui-même s'oblitère sous les envahissements du névé et du caillou, là, l'esprit de détachement de ces intrépides miliciens croit et se subtilise à mesure. L'abbé Arnol a deux passions touchantes : agrandir sa chapelle et réparer son presbytère ; puis, en place de sa *quincarotte* [1], doter ce qui deviendrait une église d'un clocher et d'une cloche en règle : *amen !*

L'abbé Arnol a deux consolations, plus touchantes encore : les livres et les plantes. Rien que cela aurait suffi pour me rendre de prime abord et d'avance notre hôte sympathique, moi qui estime ces deux goûts, les plus nobles et les plus passionnants qui existent ! L'abbé Arnol nous a montré une petite bibliothèque de cent cinquante volumes, dont il a formé le noyau au Mont-de-Lans, sa patrie;

---

[1] Je ne réponds pas de l'orthographe de ce *vocable* pittoresque du patois du Bourg-d'Oisans, dont j'ai oublié de demander l'origine au bon curé, et qui, sauf erreur, signifie : clochette de pâtre. J'admettrais volontiers une onomatopée.

il lit et relit ses livres, et c'est ce qui fait de lui un curé lettré, à 3,500 pieds au-dessus du niveau de la mer. — « D'aucuns feraient volon-« tiers procéder, nous disait-il à dîner, — entre « une aile et une cuisse de poulet, — l'*Eau* « *d'Oile* d'*Aqua Dolosa*. Cette étymologie, qui « a l'inconvénient de supprimer l'apostrophe « en ajoutant un *l* sans motif, n'est pas de « mon goût. Je préfère celle qui dérive le mot « d'*Aqua de Ollá, Eau de Marmite*, par allusion « à la forme concave du vallon. » Le latiniste était fier de soi et à juste titre ; mais je trouvai le botaniste bien autrement radieux lorsque, sur un bout de terre surgissant à gauche de sa cure, il me fit passer en revue cinq ou six pommiers, autant de poiriers, des cerisiers d'une belle venue, des abricotiers, des groseilliers, et même, je crois, quelques vignes. La persévérance du bon abbé était parvenue à transformer un bloc de rocher en nid parfumé, savoureux, bourdonnant, car une dizaine de ruches coquettes et entretenues avec sollicitude mettaient le comble à ma surprise. Aussi, lorsqu'au moment de la séparation, le curé-jardinier m'eut adressé ses adieux avec une charmante rose dérobée au butin de ses abeilles, je serrai chaudement la main à ce brave et excellent ecclésiastique, et, songeant à l'épisode du vieillard de Cilicie, je murmurai ces vers de Virgile, purs comme l'eau de roche et ciselés comme le diamant :

Namque sub Œbaliæ memini me turribus altis
Corycium vidisse senem, cui pauca relicti
Jugera ruris erant; nec fertilis illa juvencis,
Nec pecori opportuna seges, nec commoda Baccho.
Hic rarum tamen in dumis olus, albaque circùm
Lilia verbenasque premens, vescumque papaver,
Regum æquabat opes animis; seràque revertens
Nocte domum, dapibus mensas onerabat inemptis.
Primus vere rosam, atque autumno carpere poma...
Ergo apibus fetis idem atque examine multo
Primus abundare, et spumantia cogere pressis
Mella favis.................................

(*Géorgiques*, liv. IV, v. 125-141.)

« Il me souvient d'avoir connu sous les remparts élevés de Tarente un vieillard Cilicien, resté propriétaire de quelques arpents de terrain. Le sol était improductif au gros bétail, ingrat au petit, mal approprié à la vigne. Et malgré cela, le vieillard semait çà et là quelques légumes parmi les ronces, plantait, à l'entour, des lis blancs, l'abrisseau sacré, le pavot grêle, et le sentiment de ses succès le rendait riche ni plus ni moins qu'un roi. Rentré chez lui sur le tard, il s'offrait des plats qui ne lui coûtaient rien. Il était le premier à cueillir la rose au printemps, à cueillir les fruits en automne; le premier aussi, après l'enfantement des abeilles, à regorger d'essaims abondants et à écraser les gâteaux pour en faire jaillir des flots de miel... »

III

Le dimanche 18 août, nous sommes sur pied à six heures. L'abbé Arnol avait pris ses mesures la veille et les guides nous arrivent. D'abord Sert, le marguillier de la chapelle du Rivier, un gaillard taillé en fort de la halle : il est rejoint par le fils de Favier et par Remy Favier lui-même, dont nous nous étions enquis la veille à Allemont. Croirait-on au tour de force accompli par ce brave Remy? Le samedi, à neuf heures du soir, il descend du pic de la Croix de Belledonne, dont il avait terminé l'ascension avec le capitaine du génie Allotte de la Fuye ; à la Fonderie, on l'informe de notre passage et de notre désappointement. Aussitôt le vieux mineur-forgeron se réveille en lui : il faut battre le fer pendant qu'il est chaud ; et le voilà, comme si de rien n'était, greffant, sur dix heures d'ascension, trois heures de montée au Rivier, où il parvient à minuit. « J'aurais couru à quatre pattes après vous, s'il l'eût fallu ! » a été son mot de bonjour à Xavier Drevet. Dieu veuille que Remy Favier fasse souche de beaucoup de guides hommes de cœur comme lui !

Dumas était plus fier de régaler avec sa cuisine qu'avec ses romans ; Drevet père ne s'offusquera pas si j'apprends à ses amis que l'ascensionniste-écrivain est chez lui doublé d'un gastronome, et que le chocolat fondu, remué, mitonné de sa main savante, a presque produit sur mon palais l'illusion de la mousse exquise dont l'artiste Casati a la spécialité à Lyon.

A huit heures, notre caravane gravissait une pente douce qui n'a pas duré plus d'une heure. A neuf heures, nous atteignons un petit ruisselet anonyme, auquel les pluies exceptionnelles de cet été donnaient des prétentions torrentueuses : il bondissait pétulant comme un bouc, ce maigre filet d'eau ! Nous le franchissons, et, sur le bord opposé, nous nous heurtons contre une falaise à pic que nous escaladons sans peine en une demi-heure. Des mottes de terre gazonnées nous tiennent lieu de marches naturelles. Sans qu'il y ait ici le moindre danger, je signale déjà cet endroit à la *Société des Touristes du Dauphiné.* Jeter une passerelle sur le ruisselet et tracer un sentier correct au delà serait aussi simple que peu coûteux. Nous montons toujours dans la direction nord, presque verticalement : des vestiges pauvres de sapinières distribuent une ombre mal tamisée; nous faisons deux petites haltes, l'une à dix heures, l'autre à onze heures et demie, et nous profitons de la seconde, qui dure dix minutes, pour prendre l'avant-goût de nos jouissances de tout à l'heure. Le temps est superbe ; les *Grandes Rousses* apparaissent ; le *Grand Belledonne* se montre déjà, non plus sous la forme mesquine de la corne grise qui s'aperçoit d'Allemont, mais avec l'étalage de ses attraits ou plutôt de ses menaces. Un petit coup de collier nous lance, vers midi et demi, au pied de la *Cheminée du Diable*, sur un large tertre de gazon, d'où nous goûtons une émotion d'autant plus pénétrante, d'autant plus saine que la fatigue n'avait pas encore eu le temps de la paralyser.

Tournons le dos à la *Cheminée du Diable*, dont nous nous occuperons plus loin, et absorbons-nous pendant un bon quart d'heure dans le panorama qui se déroule devant nous. Le temps est *splendide* (cette épithète, importée de l'anglais, me fait horreur, mais serait presque impossible à remplacer pour l'effet que je voudrais rendre).

Le ciel est d'une pureté absolue, d'une beauté que j'appellerais insolente si nous n'avions rendu de plein cœur grâces à la Providence de tant nous gâter. Sur cette coupole de turquoise scintillante se découpe un triangle sublime figuré à gauche, vers l'est, par le *Massif des Rousses* ; à droite, vers l'ouest, par le *Massif de Belledonne* ; au fond, vers le sud, par le glacier du *Mont de Lans*. Derrière ce dernier, à l'arrière-plan, papillotte la silhouette éloignée de la grande *Meije* et des *Ecrins*, qui s'annoncent comme l'avant-garde des glaces titanesques du *Pelvoux*.

Le Mont de Lans se ressent du voisinage de ses terribles voisins ; il montre modestement sa face blafarde comme le *Taillefer* surbaisse sa croupe monotone ; mais il se contente du rôle de repoussoir ; il sait pour qui sont les honneurs de la journée, et sur quels fronts superbes le soleil verse à l'envi la pluie de ses rayons. Sur la croupe de l'*Etendard* (3473m) dont l'arête brille comme le cristal, semble retomber une magnifique selle lamée de vermeil, chargée de pierreries ; le *Grand Pic de Belledonne*, son vis-à-vis, beaucoup plus capricieux dans ses dentelures, mieux échelonné dans ses mamelonnements, plus varié dans ses mouvements, en un mot beaucoup plus harmonieux et plus achevé dans sa plastique générale, n'est point plus beau, mais d'une beauté différente. *L'Etendard* ferait songer à une bête énorme, sans tête, qui s'accroupit et s'allonge ; le *Grand Pic* rappellerait plutôt l'oiseau qui s'élance, perce la nue et prend son vol. « La *Mère et l'Enfant* », s'écriait Xavier Drevet, les yeux béants sur cette géante, si écrasante et si élégante à la fois dans ses formes. Comparaison de poète, mais comparaison juste pour ceux qui savent regarder autrement qu'avec les yeux du corps. A une courte distance du sommet, un piton grêle se dresse obliquement vers lui. On dirait l'enfant grelottant qui se penche vers sa mère pour se draper avec elle dans cette sombre fourrure de granit constellée de névés comme d'autant de taches d'hermine. Et tout cela noyé dans un calme,

> On ne voit que lumière, on n'entend que silence,

ce calme des choses éternelles, sur lequel langue ni plume ne tariront jamais ; ce calme qui ne sera jamais un lieu commun, parce que c'est un privilège de la montagne ; ce calme qui enveloppe tout votre spectacle, tout votre être, qui vous enserre, vous accable comme l'esprit répandu dans une grande basilique, en pleine messe basse! Ce calme-là, a dit un grand penseur du moyen âge, « est une porte ouverte sur le monde des choses sans commencement ni fin. »

Puisque, suivant la poétique définition d'un naturaliste allemand contemporain, « l'homme n'est qu'un estomac » je ne parlerai de notre déjeuner que pour ne pas recommander aux touristes, mes successeurs, l'eau qu'on puise au pied de la *Cheminée du Diable*. Qu'ils s'en approvisionnent donc d'avance. En revanche, l'endroit pullule d'airelles délicieuses, aussi fines que celles que j'ai cueillies, il y a quelques années, à Cauterets, sur les flancs du Monné et du Cabaliros.

IV

Le Rivier, dont nous allions perdre de vue les pauvres chalets, est à 1,289 mètres d'altitude. Là où nous plions bagage, nous sommes parvenues à 1,950 mètres au moins.

Nous voilà donc, vers deux heures de l'après-midi, en face de cette fameuse *Cheminée du Diable*, dont M. Adolphe Joanne a réduit à de forts justes proportions la réputation horrifique. Eh bien! cette *Cheminée*, usurpatrice de sa renommée et de son titre, n'a que deux défauts : c'est que ce n'est ni une *Cheminée*, ni le *Diable* surtout. Qu'est-ce qu'une cheminée? C'est un couloir plus ou moins étroit, plus ou moins allongé, provenant souvent d'une fissure de la falaise et le long duquel la main de la nature a taillé des marches au hasard, les unes très rapprochées, les autres très écartées : l'enjambement normal devenant impraticable, il faut s'aider des pieds et des mains. Or, nous nous trouvons ici en face d'un renflement de col gazonné, entrecoupé de pitons rocheux, que l'on gravit en vingt minutes, sans peine réelle, sans aucune envie de marcher à *quatre pattes* : ce n'est donc pas le *Diable !* Il ne peut y avoir de danger sérieux qu'à la descente et par le mauvais temps ; car la surface du bon chemin n'est pas large et le pied peut dévier, de droite et de gauche, vers les éboulis et les ravines. Ici se place ma seconde observation à l'adresse de la *Société des Touristes du Dauphiné* : « Chers et très honorables confrères, puisque vous vous intéressez aux Sept-Laux (et ce que vous avez fait pour la cabane Chavot en est une preuve sérieuse), complétez donc la liste de vos bienfaits. Un bon sentier de mulets dans la région que je décris serait un jeu à tracer et à entretenir ; un câble scellé dans les rochers ne serait guère dispendieux. Les Sept-Laux se populariseraient et la chimère du Diable et de sa Cheminée s'évanouirait. »

Nous sommes en ce moment sur le sol même des *Montagnes des Sept-Laux*.

Nous gravissons obliquement ce que la carte de l'état-major appelle les *Côtes des Sagnes* ; nous foulons le premier plan du groupe le second qui est plus élevé, plus abrupt, plus caractéristique, se développant de l'autre côté de la ligne des lacs : c'est ce second plan qui comprend le Rocher *Badon*, le Rocher *Blanc*, etc. Chemin faisant, nous sommes navrés de la quantité de troncs desséchés, de souches pourries qui se multiplient sous nos pas : tristes témoignages des ravages de la dépaisson ! Les magnifiques forêts qui couvraient jadis les cantons du Bourg-d'Oisans et d'Allevard vont se réfugiant petit à petit dans le Vercors : l'Administration des eaux et forêts ne s'en préoccupe-t-elle pas ?

Nous marchons, — que je n'oublie pas de le dire, depuis plus d'une demi-heure, sept au lieu de six. Sert, le marguillier, nous a recruté un de ses *pays*, renfort inattendu, mais qui s'est trouvé nous rendre service. Séraphin est le nom de ce pâtre, nom fort heureux, vu sa silhouette, qui du sommet du *Col de l'Homme* se détachait avec grâce sur l'azur, au moment où Sert le hélait. Ses bonds prodigieux, exécutés pour nous rejoindre ; les traits fins, la carnation animée de sa charmante figure, auraient presque fait admettre par nos imaginations tendues une apparition surnaturelle. Séraphin, c'était l'ange de bon conseil, transformé en pâtre et devenant, au besoin, guide. En effet, Sert voulait nous faire attaquer directement le *Col de l'Homme ;* Séraphin opinait différemment. Il préférait forcer obliquement sur la droite et gagner, pour franchir le pas, un point où le col subissait une dépression. Il nous économisait ainsi une montée et une descente inutiles, puisque nous parvenions de l'autre côté du col, à une altitude moins élevée ; il nous épargnait en même temps un kilomètre sur les quatre kilomètres de pierres, au bas mot, que nous avions à parcourir jusqu'à la cabane Chavot. Pierres rondes ou aiguës, pierres branlantes, pierres stables, toute cette peste infernale du clapier est l'accompagnement obligé d'une ascension sérieuse : il faut les maudire et en prendre, une fois pour toutes, son parti. Mais, tout en risquant dix entorses pour une, voici venir les lacs, dont la vue nous ranime ; c'est d'abord, à l'extrême droite : le lac de la *Sagne* ; puis, nous venons raser le lac de la *Corne*, puis le *Jeplan* ; des herbages ras, rebelles à la dent du bétail, mais gras, mouillés, égayent un peu ce paysage funèbre ; Xavier Drevet, dans un accès de lyrisme, plonge son crâne dans un ruisselet glacé ; enfin, après avoir franchi la limite du canton du Bourg-d'Oisans et d'Allevard, limite qui marque aussi le départ de deux versants, versant des lacs tributaires de l'Eau-d'Olle, versant des lacs tributaires du Bréda, nous atteignons en quelques minutes l'auberge des frères Chavot. Nous sommes à 2,182 mètres d'altitude. Il est trois heures un quart. Nous faisons halte au bord du lac de *Cos*.

Que vous dire du site, ami lecteur ? Je répondrai à votre question en vous parlant de la cabane, d'abord. Je vous dirai que cette cabane contient beaucoup plus de choses qu'elle n'en a l'air et que son intérieur présente un confort relatif que l'apparence n'annonce point. Je félicite la *Société des Touristes* de la petite installation qu'elle a créée au premier étage à l'instigation de M. Drevet[1], de la bonne condition des quatre lits et du linge. Je remercie derechef le frère Chavot de son excellent vermicelle, de sa truite, de sa bonne volonté, tout en regrettant que son garde-manger ne soit pas plus cossu et que la boite à sardines mastodontesques où ses truites attendent la friture n'aient point eu de remplaçantes en 1878. Quant au site en lui-même... eh bien ! il n'a pas tenu ce qu'il m'avait promis. Beaucoup de pierres, des rochers, des clapiers partout, mais aucune variété dans les formes, aucun intérêt dans les couleurs : une teinte uniformément livide qui rappelle l'aspect des bains de Loëche. C'est un cimetière, si l'on veut, mais un cimetière sans grandeur ; c'est terne et tiède ; cela est sinistre, mais laisse froid.

Quand la nature ne parle pas, l'homme intéresse toujours. Le dos arrondi au soleil pour me sécher, je me retourne maintes fois pour considérer nos guides et porteurs et deviser, à part moi, sur leurs mérites respectifs. Bigre ! quel quatuor de mâchoires ! quelle énergie dans les fonctions d'ingestion, de mastication, de déglutition !

Il faut dire que les quatre gaillards avaient

---

[1] Depuis, un beau et confortable chalet tout neuf a remplacé l'antique masure des pêcheurs.

bien marché et porté des sacs bondés. Ils vous expédient un gigot énorme *ad ilia*, avec la prestesse des poules picotant en un clin d'œil leur ration d'avoine. Le fils de Favier s'acquitte bien de sa tâche, mais c'est un vigoureux porteur en attendant qu'il devienne bon guide, à l'école paternelle. Remy Favier, le père, toujours le même, rhythme ses bouchées, dose sa boisson ; c'est le sang-froid, la prudence, la sobriété personnifiés. Sert est un paysan bien râblé ; il est capable de porter beaucoup ; il connaît le chemin, il sera précieux en cas de défaillance ou de crampe subite. Mais il ne sait pas soutenir le moral du voyageur, au contraire ; et... je crains qu'il n'ait une prédilection immodérée pour le saucisson. Le héros de la course entre la *Cheminée du Diable* et la *Cabane Chavot* est encore Séraphin. Ce pâtre, natif du Rivier d'Allemont, va prendre ses brebis en Provence chaque printemps et les y ramène engraissées chaque automne. Devineriez-vous, au moment de notre rencontre, l'exploit dont il était justement venu à bout ? *Cent cinquante* de ses moutons s'étaient *embarrés*, c'est-à-dire tellement empêtrés de pattes et de poils dans un ravin, qu'ils ne pouvaient plus en sortir et que, sans aide, ils y eussent immanquablement péri. Sans hésiter, Séraphin charge chacune de ses bêtes sur son dos, recommence *cent cinqnante* fois le même exercice et a finalement la joie de réintégrer en entier son troupeau dans l'*alpe* habituelle.

V

Il est cinq heures ; nous congédions Sert, Séraphin et Favier fils ; nous gardons son père Remy, et nous saluons Baroz, notre guide à la descente, le frère des deux aubergistes du *Curtillard* et de la *Ferrière*. Baroz nous rappelle que nous ne saurions être à la Ferrière avant dix heures, il nous montre le soleil qui précipite sa course ; et nous emboitons sur lui le pas accéléré. Le sentier que nous prenons suit d'abord la gauche du lac de *Cos*, passe à la droite du lac de *Cotepen*, laisse en arrière sur la droite les lacs *Blanc* et de la *Motte*, le *Rocher-Badon*, le *Rocher-Billan*, le *Rocher-Blanc* ou *Pic de la Pyramide*, serpente avec les zig-zag capricieux d'un peloton de fil déroulé, se faufile à travers les obstacles avec la dextérité de la bête traquée par les chasseurs, coudoie la falaise, semble sombrer dans les cailloux, rebondit sur des dômes de granit ou de liais, se trempe hardiment dans le filet d'eau guéable qui joint le *Cotepen* au lac *Carré*, et nous fait aboutir au lac *Noir*, tout près du col du *Gleyzin*.

Nous y arrivons grelottants de froid, mais palpitants d'admiration. C'est une magique résurrection de mythologie que ce sentier extraordinaire. Poseidon, ne les as-tu pas fait jaillir d'un coup de ton trident, ces lacs célestes ? Ne les as-tu pas parés de tes Naïades les plus belles ? N'as-tu pas invité Artémis à venir transpercer le chamois en compagnie de ses Nymphes majestueuses ? N'as-tu pas prié Zeus, ton frère, d'illuminer de ses éclairs les moins bruyants cette chasse divine ?

Mais chut ! nous descendons toujours ; nos pas se précipitent, le vent glacé, en fouettant nos joues, souffle sur cette mythologie surannée, une nouvelle sensation s'élève dans nos cœurs, plus moderne, plus romantique, bien plus vraie, puisqu'elle est mystique et chrétienne. — Au bout du lac Noir surgit à l'horizon, à une distance de vingt-cinq lieues au moins, un panorama inattendu : les Alpes de Chambéry et d'Annecy se découvraient à l'œil du géographe ; mais la perspective, par bonheur, était assez éloignée pour dispenser l'œil de l'artiste d'étiqueter des pics, et lui permettre de voir à sa manière et selon son rayon visuel particulier. L'œil de l'artiste, en ce final et splendide effet d'optique, ne pouvait voir qu'à travers le prisme suivant : c'est que la distance transforme fréquemment les nuages en montagnes et réciproquement. Dès lors, plus de lac du *Bourget !* plus de *Croix de Nivolet*, ni de *Dent du Chat !* L'illusion l'emporte, la surface du lac, immense bassin de granit, exhale de lentes bouffées, couleur de neige ; ces bouffées se séparent, se dessinent en contours indistincts de nuages ; les plans papillottent, des moiteurs lumineuses les baignent, un vague balancement s'empare de ces formes aériennes que le soleil entraine dans son resplendissant sommeil. Quelle perspective !

comme l'œil de l'âme y perce ! Ce n'est plus le frisson qui saisit le touriste vis-à-vis de *Belledonne* et de l'*Etendard*, frisson d'orgueil : *J'y suis monté !* frisson de défi ; *J'y monterai* ; ce n'est plus un appel à la force physique, aux muscles ; c'est la vibration d'une des fibres les plus mystérieuses de notre être : besoin, quelque peu bouddhique, de tourbillonner dans cette poussière d'or, de s'identifier avec cette lumière paradisiaque, ou plutôt, soif chrétienne et rêveuse de l'*au-delà*.

Cette perspective mystique est le dernier tableau du spectacle : le soleil se couche ; à six heures et demie, la toile tombe. Nous descendons, je ne sais trop comment, par l'atroce sentier du *Gleyzin*, qui a pour sobriquet : le *Grimpillon* ; à sept heures et demie, nous atteignons les chalets du Gleyzin ; à huit heures et demie, nous débouchons de la forêt qui résonne tout le temps des mugissements du *Bréda*, formé par le confluent du *Pleyney* et de la *Combe de Madame*.

Ici le chemin s'élargit : c'est l'amorce de la belle voie de la Ferrière à Allevard ; il est plus humain en apparence, mais gâté par les pluies prolongées, plus gâté encore par l'absence quasi-calculée d'entretien ; c'est un composé de boue, de flaques continuelles, de torrents dégarnis de leurs passerelles, etc. A neuf heures et demie nous amarrons au Curtillard, notre coffre un peu secoué par 25 à 28 kilomètres de marche pénible parcourus en une seule journée et quatorze heures environ. L'auberge du Curtillard est vraiment digne de mention, vu le hameau, qui ne compte que trois feux. Quand les réparations qu'on y pratique seront terminées, ce sera pour les touristes un *reposoir* fort gentil et propre. Bonne literie, bonne cuisine, braves gens (ce compliment s'adresse à mon guide Baroz autant qu'à son frère).

Le lendemain lundi 19 août, je me reposais quelques heures dans une auberge de la Ferrière, également tenue par un des trois frères Baroz. Mon indisposition provenait d'un léger excès de fatigue ; je n'avais pas pris soin de me sustenter en proportion de la marche prévue et accomplie. Ma précédente lettre vous a conté dans quelles circonstances j'ai touché barre à Allevard, puis ai été forcé d'y passer la nuit. Mais c'est à la Ferrière que s'arrête le vrai compte-rendu des Sept-Laux ; Allevard est un autre monde, un autre paysage, superbe lui aussi, et rentrera un jour, s'il plait à Dieu, dans un autre récit.

Avant de clore, que le lecteur m'autorise à jeter encore un léger coup d'œil en arrière. S'il me juge grognon, il me rendra cette justice que c'est dans l'intérêt des touristes. J'interrogerai d'abord M. Ramus, ex-maire de la Ferrière : Voudrait-il m'expliquer pourquoi le chemin de la descente aux chalets du Gleyzin est si détestable ? si tant est que chemin quelconque il y ait ? En 1860, M. Joanne, qui a fait la course, trouvait raide cette côte du Gleyzin ? Qu'y a-t-il eu d'adouci, de bonifié à ce coupe-jarret indécent ? Si M. Ramus daignait nous fournir quelques éclaircissements sur ce point obscur, nous lui en serions reconnaissant.

En second lieu, je signale à M. Adolphe Joanne, l'éminent et infatigable auteur de tant de guides précieux, quelques corrections indispensables. Le Rivier était sur le petit guide *Dauphiné et Savoie* (1re éd. 1870 ; 2e éd. 1875) placé à une altitude de 980 mètres ; cette erreur a été rectifiée dans le grand guide *Jura-Alpes françaises* (1877).

Mais pourquoi M. Joanne ne mentionne-t-il pas l'auberge Baroz à Curtillard ? l'auberge tenue également par le frère de celui-ci à la Ferrière ? Ce sont les frères Baroz qui ont aujourd'hui le monopole de l'ascension de la *Pyramide* et des glaciers du *Gleyzin*, et j'engage fortement M. Joanne à les recommander.

Je me résume et je conclus.

Je n'ai rien à enseigner aux touristes de profession, aux ascensionnistes casse-cou. Quant aux ascensionnistes amateurs, mais bons marcheurs, je les engagerais fortement à couper en deux journées la course que j'ai faite en une du Rivier à la Ferrière. Ce repos, en ménageant leurs forces, mettra la Pyramide des Sept-Laux à leur portée.

J'ai essayé, dans ces pages trop nombreuses, de fournir quelques renseignements précis sur les guides, les distances, les altitudes ; mais ce que j'ai ambitionné surtout, c'est de faire passer dans l'âme de mes lecteurs et imitateurs quelques parcelles d'une puissante émotion ressentie devant la nature. Si j'y ai réussi, je n'en demande pas davantage.

VII

COUP DE CRAYON CHAMPROUSSIEN

Uriage, ce 4 août 1879.

A MONSIEUR XAVIER DREVET,

Directeur du journal *Le Dauphiné*.

Mon cher Ami,

Champrousse est la montagne classique d'Uriage ; ce n'est pas moi, habitué incorrigible et reconnaissant de ses thermes, qui m'aviserai de décrier cette belle cime, qui tient tête au *Colon*, son vis-à-vis, sert d'étape d'entraînement au *Belledonne*, complète l'intérêt de la *cascade de l'Oursière* et sort si bien sa gracieuse tête gazonnée de son imposante fourrure de sapins noirs. Seulement, Champrousse, tel qu'on le pratique depuis maintes années, risque de devenir une banalité ; c'est toujours l'*Oursière*, puis la *Croix*, pour redescendre par *Prémol*, ou réciproquement *Prémol* pour remonter à la *Croix* et se rabattre encore sur l'*Oursière*.

Pourquoi les baigneurs d'Uriage ne sortiraient-ils donc pas de l'ornière (ne lisez pas de l'*Oursière*) ?

Il y a d'abord le chemin du hameau des

Bonnets; mais celui-là est raide et ne dédommage pas suffisamment des fatigues qu'il cause.

Ami voyageur, qui tenez ou à vous entraîner pour des courses plus longues, ou simplement à vous promener en vous fatiguant tant soit peu, voulez-vous, deux heures et demie durant, me donner la main ? Eh bien ! commencez par emboiter le pas sur moi à *Saint-Georges,* près d'Uriage ; laissez à votre droite le joli castel en pierres blanches, presque achevé, que s'y construit le général baron de Chabaud-Latour ; remontez jusqu'à *Belmont*, à une demi-heure d'Uriage ; poussez, sur votre gauche, par des pentes douces, ombragées de noisetiers et de noyers ; grapillez des fraises qui vous tendent leurs joues purpurines et leur pulpe parfumée, et, en une heure et demie, sans vous gêner, vous atteindrez la lisière du gros bois de sapin que vous apercevez d'en bas. — Ici, vous laisserez dédaigneusement et prudemment sur votre droite l'ancien chemin, qui monte raide et pierreux, devant vous ; mais, obliquant sur la gauche, vous vous engagerez dans la route toute confortable, largeur de grosse charrette, que l'Administration construit en ce moment pour l'exploitation de la forêt. Vous suivrez un premier lacet d'une bonne demi-heure, celui de la route charretière (carrossière) ; arrêté par l'ancien sentier qui va servir de tracé à la route nouvelle, vous adopterez sans peur ce raccourci encore informe, d'une longueur de vingt minutes ; enfin un troisième zigzag, celui du tracé définitif (le petit tronçon intermédiaire seul reste à terminer et le sera le printemps prochain), vous ramènera à gauche et vous déposera au bout de vingt nouvelles minutes, tranquillement, doucettement, au bord du *Pré Godet.* Quant le tronçon dont je parlais plus haut sera achevé, la route forestière du *Pré Godet* sera aussi belle que celle qui mène à la *Chartreuse de Prémol,* ce sera une vraie promenade de dames ; — en attendant que les deux chemins viennent un jour aboutir à Belmont, ce qu'à Dieu plaise !

Le *Pré Godet* ! Site pittoresque, d'autant plus beau qu'il est à peine connu, pratiqué seulement par les pâtres, et que sa beauté comme son gazon sont encore vierges pour l'œil qui l'admire comme pour le pied qui le foule ! Pas de panorama écrasant ici, point d'émotions exubérantes ; une clairière superbe, qui rappelle celles de Fontainebleau, mais à 1,600 mètres de hauteur ; des gazons gras, drus ainsi que ceux de la Hollande, mais avec l'éclat en plus et l'humidité en moins ; le *Pré Godet* est le vrai reposoir du Calvaire de Champrousse, car on ne voit que Champrousse d'ici. Oui, le reposoir : un magnifique drap de velours vert couvre l'autel, une myriade de sapins, chandeliers grandioses, se hissent de tous côtés, et, tout à l'heure, au clair de la pleine lune, ce sont les étoiles qui allumeront et verseront leur lumière.

Mon Dieu ! quels beaux pâturages, et comme on remercie le soleil de ces ombres largement épandues par les bras des sapins, et sous lesquelles on s'oublierait si volontiers !

Que manque-t-il donc à ce *Pré Godet* pour devenir ce qu'il doit être, ce qu'il mérite d'être, un nouveau débouché sur Champrousse, moins dangereux et moins long que l'Oursière ? Mon Dieu ! ce qui manque à tant de sites de cet admirable Dauphiné, si peu exploré encore, si peu apprécié, et qui ne demanderait pas mieux que de dorloter ses voyageurs, si l'on le dorlotait davantage, lui ! Il y a là-haut un brave pâtre qui n'entend que d'une oreille, ne va que d'une jambe. Dieu me garde d'en médire, car j'ai un culte pour ces solitaires des hauteurs, et je n'oublierai de sitôt ni son zèle pour aller clopin-clopant me puiser de l'eau à la source prochaine, ni les prodiges d'industrie auxquels il s'est livré pour m'épargné un coup de soleil en fixant derrière moi un gourdin et un parapluie demi-séculaire ; mais il n'en est pas moins vrai que, si l'on n'emportait pas de provisions, on mourrait d'inanition là-haut !

Ce qu'il faudrait vraiment ici, ce serait une succursale du chalet de Roche-Bérenger, auquel on arrive par un beau chemin de sapins en une heure et demie.

Le père Tasse qui tient ce chalet est un *Vieux de la Montagne* (moins les instincts sanguinaires et criminels) qui a planté son jardin et sa cabane depuis quinze ans au pied de la croix ; il monte à la fin de mai et ne descend qu'en novembre pour achever d'assembler, dans la vallée, l'hiver, les deux bouts qu'il a tant de peine à rattraper l'été. Il souffre, plus qu'on ne croit, non-seulement des caprices d'une saison peu fructueuse, mais de la violence de certaines intempéries encore fréquentes à 2,000 mètres de hauteur ; une fois au déclin de la saison, une neige intempestive a failli le surprendre et le condamner à mourir de faim là-haut, lui *et sa femme*, parce qu'enfin, il faut bien le dire, notre ermite est marié. Le père Tasse est philosophe. Quoique peu chanceux, il ne se plaint guère. Et pourtant, est-il possible de rencontrer de meilleurs lits, de plus excellent lait, des fleurs plus fraiches à pareille altitude ? Est-il possible de trouver visages plus complaisants et mieux disposés à vous contenter que ceux de ce couple ? Pourquoi ne chercherait-on pas à améliorer la position de cet ermite qui a rendu tant de services aux touristes ? Pourquoi les quatre communes, ses copropriétaires, ne passeraient-elles pas avec lui un bail emphytéotique, basé comme ce genre de contrats, sur la longue durée de la location et la modicité de la redevance, bail qui, en diminuant les charges de l'emphytéote, lui permettrait de s'agrandir et de prospérer ? Que ma voix soit écoutée, et puisse le délicieux vin de Collioure que j'ai bu chez lui, lui porter bonheur[1] !

Avant de terminer mon coup de crayon champroussien, deux bons points indispensables :

---

[1] J'apprends à l'intant que, depuis cette année (1887), le chalet de Roche-Bérenger a passé en d'autres mains.

L'un à Isaac Vieux, de Belmont, dont les jambes font mentir le nom. Il connait fort bien la route de Champrousse par le *Pré Godet*. C'est un porteur vigoureux et a de bonnes façons ;

L'autre au brave Pierre Mury, le guide si connu à Uriage.

Venez chez moi, cher ami ; nous boirons du Collioure à la santé du *Pré Godet*.

VIII

ASCENSION

DU

GRAND-VEYMONT

TRIÈVES ET VERCORS

Baveno (Lac Majeur), 17 septembre 1879.

A MONSIEUR XAVIER PREVET,
Directeur du Journal *Le Dauphiné*.

Mon cher Ami,

Le *Grand-Veymont* est le frère de la Grande-Moucherolle. Vous vous souvenez que la *grande coquette* du Villard-de-Lans nous avait passablement fait la moue en l'été de grâce 1876 ; raison de plus pour aller rendre visite, par cet incomparable mois d'août, à son proche parent, tâter le pouls à celui-ci, lui demander s'il serait d'humeur plus hospitalière et rieuse que sa pimbêche de sœur. Laissez-moi vous dire bien vite que je viens de déposer ma plus chaude embrassade d'ascensionniste sur le front bienveillant du Veymont.

Elle est bien admirable, la route qui, depuis moins d'un an, vient de s'ouvrir sur deux rails entre Grenoble et Gap. Quand cette voie sera mieux connue, quand le démon de la curiosité démangera plus âcrement les baigneurs d'Uriage et les touristes en général, le fameux trajet entre Vienne et Trieste perdra de son prestige. Arrière, désormais viaducs de *Klamm*, de *Wagner graben*, de la *Kalte Rinne* ! Arrière, village du *Semmering*, sis à 864 mètres de hauteur ! Les zigzag décrits par la locomotive au-dessus de Vizille sont moins multipliés, les viaducs moins élevés que sur les coteaux du *Semmering;* ils sont, malgré cela, plus vertigineux, car l'œil plonge dans une vallée bien autrement pittoresque ; les tunnels sont moins profonds, quoique ceux du *Haut-Brion* et de la *Croix-Noire* dépassent 700 et 1,000 mètres; en revanche, l'amphithéâtre de *Lus-la-Croix-Haute* s'ouvre à 1,060 mètres d'altitude, et la rampe est si raide, que besoin est de deux locomotives d'un modèle exceptionnel.

Le Dauphiné possède donc son Semmering, comme l'Autriche; si, comme la Suisse, il acquérait les sentiers, les refuges, les auberges ! Quant aux voies carrossières, je constate avec plaisir qu'elles se perfectionnent chaque jour, et j'y reviendrai dans le courant de ce récit.

Quel dommage que la préoccupation du temps, le désir de saisir — qu'on me passe le mot, il est à la mode — le *moment psychologique* de la montagne, jette souvent un bâton dans les roues de l'itinéraire le mieux combiné ! Ce moment étroit et subtil, impalpable comme le fil du rasoir, ce *culmen* météorologique entre le jour de la veille pas assez beau encore, et le jour du lendemain moins beau déjà, c'est ce qui vous lance en avant comme une force fatale, comme un impitoyable ressort ! Cela s'est justement vérifié, pour le temps qui a accompagné mon ascension, sans quoi, quel plaisir j'aurais éprouvé à faire une digression à *Saint-Martin de la Cluse*, à inspecter de près les bulles bleuâtres, les bouffées hydrogénées de la *Fontaine Ardente !* Heureusement que Madame Drevet nous a conté tout cela dans son *Isèrette !* Avec quelle satisfaction j'aurais pénétré, jusqu'au cœur des Hautes-Alpes, à Gap ! Mais la locomotive siffle, et j'ouvre la portière de mon wagon au *Monestier-de-Clermont*.

Le bourgmestre de Gresse, M. Rataboul, m'attendait à la gare avec sa voiture : je n'avais jamais été à pareil honneur. On dit que l'habit ne fait pas le moine : c'est possible ; à coup sûr, la figure fait le fonctionnaire. C'est, par excellence, l'homme actif, entreprenant, épris des intérêts, de la prospérité des Gressots. En voilà un avec lequel on ne s'ennuie pas, en suivant une montée raide, même par le soleil le plus cuisant ! Palsembleu ! quelle complaisance à vous adoucir les cahots, les inégalités du chemin, en vous offrant les framboises sauvages arrachées aux haies ! quel talent à vous retracer, sous une forme amusante, la géographie économique de la localité de Gresse !

Il y en a pour tous les goûts. — Aux négociants désireux de bien placer leurs capitaux, il exposera les avantages précieux, les bénéfices certains d'une fromagerie qu'après expériences accomplies, on va fonder à Gresse. Aux statisticiens désolés, il apprendra que la population de Gresse diminue chaque jour, à cause de l'attraction malsaine des grands centres, ou des tentations chanceuses de l'émigration. Aux cynégètes émérites et curieux, il annoncera le retour du chamois, disparu depuis quarante ans des montagnes de Gresse. « — Et, ajoutait M. Rataboul, c'est moi qui « vais tenir la main à ce que personne, dans « le ressort de ma commune, ne touche à cet « admirable gibier. Il faut que le chamois se « réacclimate chez nous, qu'il s'y multiplie, « et alors nous verrons. » — C'est parler d'or, n'est-ce pas, pour un bourgmestre chasseur jusqu'aux moelles, et marcheur à raison de quatre-vingts kilomètres par jour ? Quel administrateur modèle ! Braconniers, vous êtes avertis : vous n'avez qu'à vous bien tenir !

La compagnie de M. Rataboul exhale la gaieté forte de la montagne ; sa personne respire la chance, — chance méritée, j'en suis convaincu, — au même degré. Devineriez-vous ce qui lui est arrivé avec la brave jument qui contournait avec nous la base du *Baconnex* et de la *Palle* à travers les ombrages des Baumettes ? Un de ses amis, qui l'avait acquise et gardée cinq ans, avec l'intention d'en faire abondante souche, venait de la lui céder, après avoir jeté sa langue aux chats. De quoi s'avisa notre bête, tardivement féconde ? Trois mois après l'achat, elle fait présent, à son nouveau maître ébahi, d'un superbe poulain ! Je le jure, M. Rataboul est mieux qu'un bourgmestre né, c'est un bourgmestre né coiffé !

II

Un mamelonnement de terrain qui prend un village entre deux plis ; au levant, des collines maigrement gazonnées qui vont jusqu'à la *Palle* et au *Baconnex* ; au nord, des sapins en basse futaie ; au couchant, la crête du Veymont qui se contourne en arc de cercle jusqu'à la cime de l'*Aiguillette* : tel est le cadre modeste de Gresse.

Plus de vergers, les savoureuses framboises de tout à l'heure ont disparu à toujours. Des carrés de culture, dorés ici, verts plus loin, annoncent le froment qui ne suffira point au petit nombre d'estomacs de Gresse, ou une avoine plus abondante. La Gresse, si gonflée, si fort en colère l'hiver, se fait à peine entendre, elle a perdu son meilleur régal : les chabots y ont supplanté la truite. Ces coquines de truites n'ont pas pardonné aux Gressots égoïstes leurs fours à plâtre ; plutôt que de périr asphyxiées, elles aussi, la rage de l'émigration les a prises, et toutes, de descendre à Saint-Guillaume, d'où elles ne démarrent plus.

Donc, tableau très pâle, mais avec un beau point à l'horizon, pays triste comme une caserne, mais gardé par une sentinelle pittoresque et éloquente : le héros de mon ascension.

Certes, le cœur se serre (et je vous défie bien de ne pas l'éprouver, ce mouvement de contrition, ô flâneurs intelligents du quartier

Latin le matin, du boulevard des Italiens le soir); le cœur se serre à analyser de près l'existence de tous ces villageois alpestres juchés à 1,000, 1,200, 1,500 mètres d'altitude. L'Oisans, que j'approfondirai quelque jour, est la plus haute expression de cette lutte prodigieuse de l'énergie de l'homme contre l'inclémence de la nature. Tenons-nous en à Gresse; aussi bien l'échantillon est moins effrayant, et plus répandu; il rentre mieux dans la moyenne du régime montagnard.

« — Comment passez-vous votre temps de novembre à avril ? demandais-je à madame Moutet, ma digne hôtesse de céans.

— Hélas ! monsieur, on fait bien comme on peut. L'eau toujours gelée le matin ; souvent, l'après-midi ; nos hommes toujours occupés à déblayer la neige qui retombe sans cesse ; pas une âme chez nous, les communications continuellement interrompues avec la vallée. Alors, on allume un de ces grands feux de campagne dans la vaste cheminée de notre cuisine ; quelques habitués viennent faire cercle ; on cause, ou plutôt on bâille de froid, de sommeil, de tristesse : les lèvres grelottent en face de l'âtre. »

Aux Sept-Laux, trois cents pieds de neige enterrent la cabane des frères Chavot en janvier; mais les Sept-Laux n'ont pas le droit d'être habités pendant les frimas; Gresse l'est et il faut bien qu'on reste là, comme à Lus-la-Croix-Haute, comme à la Chapelle-en-Vercors, comme ailleurs.

Passe encore pour l'aubergiste forcé de

manger en hiver une partie de ses économies de l'été, et dont le métier est bien un peu de se laisser vivre. Passe pour le chasseur de chamois ou de coqs de bruyère, qui puise dans ce mâle plaisir une distraction conforme à la matérialité de son tempérament ; mais comment admettre que ce genre de vie puisse être imposé à une nature fine, douée, intelligente ? Comment se l'imaginer, sans un réel effort d'esprit ? Naissez avec une vigoureuse complexion physique et morale ; possédez, à l'unisson de l'amour du bien, le tact du beau ; sous l'influence d'une éducation stimulante, d'un *acumen* d'observation perçant, ayez des jours sur l'histoire naturelle, du goût pour l'étude des phénomènes physiques ; puis, voyez-vous, à vingt ou vingt-cinq ans, à l'âge où la sève vous monte, où vous sentez votre *moi* s'échauffer, s'amplifier, où vous embrasseriez le monde dans une étreinte,

Æstuat infelix angusto in limite mundi,

jeté dans un trou, et condamné à y vivre trente ou quarante ans, étouffé, incompris ! Quel parti prendre alors ? Comment se relever de sa chute, au bout de cette escalade trop juvénile ? Par le suicide, si l'on est trop poëte ; par la résignation, si l'on sait vouloir, et les premiers pas de ce vouloir doivent être bien durs. On revient à l'Evangile ; on regoûte à l'éternel viatique : « Aimez-vous les uns les autres. » Mais si à la longue, le cœur s'assouvit, l'imagination n'y trouve pas encore son compte. On se retourne du côté de la montagne, on l'approfondit sous toutes ses faces, on en devient l'amant passionné, on l'incorpore dans sa vie. Par 15 degrés de froid, comme par 35 degrés de chaleur, pendant la nuit de la tempête ou pendant celle de l'hiver, sous le dard de l'éclair comme sous la flèche du soleil c'est la montagne; toujours la montagne qui absorbe l'homme que je décris. Chaque matin, chaque soir, il s'accoude à sa petite croisée avec la ferveur du prêtre qui s'agenouille devant l'autel ; il contemplera la Moucherolle au Villard-de-Lans, le Mont-Aiguille à Clelles, le mont Obiou à Mens, le Grand-Veymont à Gresse ; et petit à petit, par la force de cette absorption persistante et progressive, la montagne adopte à ses yeux une tournure, prend un sens, se revêt de formes et d'attraits absolument inaccessibles à nous autres grimpeurs, voire grands ascensionnistes, mais habitants de la vallée, et de centres populeux, malsains, échauffants, fermés à certaines ouvertures. Il scande la marche du soleil ; il devine la place de la falaise qui frappera le premier rayon ; il poëtise cette géologie morte, spiritualise cette pierre jaune ou noire ; et, suivant les caprices de ces crénelures qui se dorent l'une après l'autre, son âme s'élance de là dans les splendeurs élyséennes de la lumière décrite par le pinceau suave de Fénelon [1].

Voilà l'idéal quotidien qui complète son *réel*,

---

[1] *Télémaque*. — Description des Champs-Elysées.

quotidien aussi. Voilà aussi sous quels traits m'apparait l'instituteur primaire alpestre, type admirable d'énergie, d'esprit de suite, de désintéressement J'appelais, dans ma narration des Sept-Laux, l'abbé Arnol un modèle du curé de campagne, d'éducateur catholique; eh bien ! n'ayons pas deux poids et deux mesures; nommons carrément l'instituteur primaire, *avant tout celui de la montagne*, un prêtre laïque de l'université.

La modestie de mon cher coascensionniste du Veymont, M. Jacquier, l'instituteur du lieu, ne s'offusquera pas si je lui avoue que j'ai pensé à lui tout le temps en traçant le portrait de ses confrères. Grave, mais d'une gravité douce, et en quelque sorte fondante; observateur instruit autant que peu infatué; alpiniste intrépide et compétent, au courant également des courses de Vizille, de l'Oisans, du Trièves; botaniste par surcroit, et botaniste amateur dont une destinée autre eût pu faire un botaniste savant, M. Jacquier a droit à tous mes éloges, à toutes les sympathies de mon souvenir.

Vous nous voyez, ami lecteur, à six heures du soir à Gresse, tous deux, M. Jacquier et moi, penchés sur la carte de l'Etat-major. Je tenais à faire rentrer les *Goulets* dans mon itinéraire, mais en passant par *Die* et le col de *Prépeyré*.

« — Excellent but, mais mauvais plan, me fait observer mon judicieux guide. Vous ne trouveriez au col de Prépeyré qu'une seconde édition fort affaiblie du panorama du col et à

Die qu'ennui après fatigue. Puisque vous ne voulez pas redescendre à Gresse pour revenir sur vos pas au Monestier, suivez donc le versant du Veymont qui regarde la Drôme, pour gagner à travers bois la *Britière* ou *Saint-Agnan*, et, de là, la *Chapelle-en-Vercors.* »

La carte aidant, l'à propos du conseil crevait les yeux. Ainsi dit, ainsi fait.

III

Le mercredi 13 août, j'étais réveillé, à trois heures et demie du matin, par le brave Mury, que j'avais emmené, comme porteur et renfort, le brave homme ne pouvant me servir de guide dans une région absolument nouvelle pour lui. Je me fais tirer l'oreille, et, après la collation classique, nous ne partons qu'à cinq heures, au lieu de quatre. J'avais tort, ainsi que je le montrerai tout à l'heure.

Nous montons dans la direction du *Pas-de-la-Ville* (la *Ville* est un *hameau* que nous laissons sur notre droite). Cette montée qui s'effectue sur un sentier pierreux, mais peu pénible, dure deux bonnes heures et demie pour des marcheurs renforcés, trois heures pour des marcheurs lents. Le trajet se signale de prime abord par deux inconvénients fort désagréables : la disette d'eau dont le Grand-Veymont est fort avare sur ses deux versants ; ensuite la provision de sueur dont le cruel

Phébus de Lafontaine vous dote, si vous n'avez pris la précaution d'arriver au Col vers cinq heures et demie, c'est-à-dire de quitter Gresse à quatre heures, car le soleil se lève juste en face du Veymont. *Mea culpa, mea maxima culpa* ! Les rôles sont intervertis : le sol est sec, mais le touriste devient fontaine vivante : il dégoutte de partout.

Et nunc erudimini, qui ascenditis
Vemontem !

Par bonheur, dame nature, intelligente, et maître Jacquier, pas bête, nous réservait une surprise qui allait tempérer notre fatigue, et presque nous faire oublier notre soif. La flore du Veymont est fort riche : elle n'embrasse pas moins de deux mille à deux mille cinq cents espèces. Presque à chaque pas, à mesure que nous nous approchons du col, nous foulons une fleur nouvelle. M. Jacquier se baisse, choisit avec esprit, étiquète avec sûreté !

« — Tenez, me dit-il, voici le *Rosage* (rosier des Alpes), variété du Rhododendron. Cette marguerite à pétales bleuâtres avec disque jaune, c'est l'*Aster* des Alpes.

Cette fleur blanche à gorge jaune, c'est l'*Androsace.* Voici la *Renoncule* des glaciers avec sa robe blanc neige, le *Pavot* des Alpes, le *Gazon* d'*Olympe.*

— Et quelle est cette fleur d'un violet à la fois mauve et rose ?

— La violette sauvage.

— Et cette autre fleurette, véritable petit soleil d'azur, d'un bleu éclatant comme le rouge de la verveine ?

— C'est tout simplement le myosotis.

— Est-ce possible ? Ces pétales si ternes, si mélancoliques, si maladifs dans la plaine, briller de ce feu surprenant sur les sommets ? En bas, le souvenir en fait son pâle symbole ; là-haut la mémoire laisserait-elle de plus éclatants témoignages dans le cœur ? — Et la *Bérarde*, ce chardon blanc rarissime ?

— Le col des Bachassons en a le monopole.

— A propos de plantes, avez-vous des airelles ici ? J'en suis friand tout comme feu Victor-Emmanuel, de carnassière mémoire, le fut du bouquetin.

— Airelle en Dauphiné, myrtil dans les Vosges, *ayous* au pays Basque, c'est tout comme. — Virgile a immortalisé ce mignon diminutif de la prune par quelques-uns de ses vers les plus chantants :

Mollia luteola pingit, vaccinia caltho...
Alba ligustra cadunt ; vaccinia nigra leguntur [1]

C'est le vaciet antique. Vous pourrez en trouver, mais seulement sur l'autre versant, à la descente. »

Et nous voilà, tout en bavardant, philosophant, politiquant un peu, *botanisant* beau-

---

[1] Bucoliques, *passim*.

coup, parvenus au *Pas-de-la-Ville* à huit heures. Nous soufflons un quart d'heure. Nous attaquons à gauche une pente pierreuse et raide qui nous permet d'atteindre le début inférieur de la crête. Un peu plus haut, nous respirons près de la grande roche qui semble intercepter le passage, et au-dessous de laquelle s'ouvre un couloir à pic sur la vallée de Gresse. Puis, en décrivant des lacets le long de la croupe mi-partie rocailleuse et herbeuse de notre montagne, nous atteignons la Pyramide à dix heures du matin. Nous avons marché cinq heures, sans nous gêner. M. Joanne évalue le temps d'ascension à trois heures et demie. Les chiffres qu'il donne me semblent, en général, un peu courts.

IV

Au nord-est, le massif de la Chartreuse ; à l'est, le Grand-Charnier, les Voudènes, le petit Pic de Belledonne, le grand Pic, altier et vierge depuis deux ans [1], le Taillefer, plus congelé que d'habitude, l'immense glacier du Mont-de-Lans qui a l'air de servir de base à la terrible Meije avec sa splendide toison de glace rebondie, la Barre des Ecrins avec son râtelier gigantesque de dents, l'arête de la Muzelle, les glaciers du Valjouffrey, le Pelvoux

[1] Ceci était encore vrai le 13 août.

et ses trois têtes, les Alpes Briançonnaises, éblouissent nos yeux.

« C'est la répétition de la Moucherolle ! » s'écrieront les détracteurs. — Possible, mais je n'ai presque rien aperçu du sommet de la Moucherolle, tandis que son frère me fait cadeau du panorama des Alpes Dauphinoises (Isère, Drôme, Hautes-Alpes) le plus *complet* dont j'aie encore joui. Pas besoin de longue-vue : la netteté du spectacle en égale l'étendue. Et quelle surprise charmante d'optique enchaîne mes regards pour la première fois ! J'avais maintes et maintes fois admiré le météore si connu de l'*Alpenglühen* (illumination des Alpes) à Genève ou à Chamounix ; mais je n'imaginais pas que ce phénomène pourrait se reproduire en plein midi, sous les effluves transfigurants de celui à qui tout doit la vie. Et pourtant, voyez-le, ce rayonnement inattendu, exhilarant ; voyez les Sept-Laux, de glorieuse mémoire, Belledonne, qui transparaissent sous un nimbe rose ; la chaîne tout entière, depuis Allevard jusqu'au Pelvoux, palpite sous ce costume de fête ; enfin, plus loin, là-bas, au fond, au nord-est, à quatre-vingts kilomètres en ligne droite, le Mont-Blanc, oui, le Mont-Blanc dentèle, derrière une gaze violacée de vapeurs, ses glaciers indécis, comme un énorme feston de la robe immaculée de l'Eternel !

A l'ouest, les collines du Diois et du Vercors, les monts de Nyons et de l'Ardèche, les Cévennes, vaste digue protectrice du cours du Rhône, ne présentent que des ramifications sans intérêt. Mais Dieu fait bien ce qu'il fait : il nous fallait un repoussoir à notre panorama de l'est.

Revenons donc vers l'est-sud-est.

Voici venir l'*Obiou*, auquel le Marseillais Méry a décerné une mention quelque part, et, si je ne me trompe, dans un sonnet dont je ne me rappelle que la fin :

..... Mais quel que soit le roc, l'éboulis, le caillou,
Mon pied te foulera, montagne de mes rêves,
Toi qu'aperçoit Phocée, ô Ceinture d'Obiou,
Drapée autour d'un nom mélodieux : Trièves !

Méry, poète, se croyait géographe exact en surnommant l'Obiou, la « *Montagne Ceinturée.* » Il se trompait, et vous aussi, mon cher éditeur et ami, sauf mon respect pour votre érudition dauphinoise et votre infaillibilité orographique. Remontez, s'il vous plaît, avec moi, à la Moucherolle, ou plutôt au Veymont, puisque nous y sommes ; braquez votre œil naturel ou artificiel sur le massif gris, pelé, capricieux, qui s'accentue à droite et en avant du Pelvoux ; descendez cette série de crêtes qui s'infléchissent les unes au-dessous des autres comme les marches d'un escalier surnaturel ; vous arrivez au bout, au bas bout, à une montagne que son sommet quadrangulaire a fait surnommer par les indigènes le *Bonnet de Calvin* (peut-être par ressouvenir de la bigarrure protestante de la population de Mens). La partie inférieure de ce rocailleux *Bonnet* est ponctuée d'une double rangée de traits d'union noirs qui ne sont autre chose que des saillies, des pitons, visibles à l'œil nu, mais pour lesquels une bonne longue-vue n'est pas inutile. C'est cette rangée double qui forme la *Ceinture* en question ; l'Obiou n'a pas de ceinture, et cela par une bonne raison, c'est que le développement des satellites de l'Obiou est longitudinal et non circulaire.

Voici, dans la même direction, mais beaucoup plus près, presque sous notre nez, un certain personnage qui a plus fait parler de lui qu'il n'est gros : le *Mont-Aiguille*. Ce rocher mesure à peine 2,100 mètres, et avec cela, c'est une des individualités les plus frappantes de la montagne française. Inspirant à la fois, la fable, la légende, l'histoire, l'Aiguille s'est conquis une personnalité, car il possède les deux caractères de ce qui est personnel : l'originalité et la suprématie. L'originalité : car ce relief en forme de trapèze, cette netteté dans les contours et les angles, cette falaise qui se dresse bien plutôt en lame de rasoir qu'en pointe d'aiguille, constituent une plastique rocheuse vraiment curieuse et unique. Pour la suprématie, elle semble invraisemblable; mais, en réalité, depuis l'ascension commandée par Charles VIII à Beaupré en 1492, depuis la nouvelle tentative de Liotard en 1836, depuis M. Paulin de Boissieu et le gendarme Achard, combien y en a-t-il qui aient essayé de dompter cette cime, si insignifiante, si bénigne quant à l'altitude, si périlleuse quant à l'abord ? Combien en cite-t-on, de ces escalades anonymes ou menteuses ? Non : il faut en prendre son parti : c'est un nain auquel nous avons affaire : mais un nain rodomont, qui redresse les épaules, met arrogamment les poings sur ses hanches, se carre dans une impertinence justifiée, et dit aux touristes : « Les cimes les plus fières de mon entourage ont été conquises par dizaine de fois ; moi, je demeure quasi-inaccessible ; et, depuis mon dernier éboulement, je me refais une virginité. Venez-y donc, dompteurs du Mont-Rose et de Cervin ! Essayez de redécapiter l'Aiguille ! mais .

Mont-Blanc ne peux,
Pelvoux ne daigne,
Aiguille suis ;

telle est sa devise. »

Et puis, n'a-t-il pas le droit d'être fier ? L'Aiguille a un souvenir mythologique, seul parmi des rivaux.

Jupiter en goguette avait, certain matin, donné rendez-vous à une Dauphinoise de la plus rare beauté, épouse d'un laboureur de la vallée de l'Ebron. Fidèle à ses polissonneries habituelles, l'auteur du rapt de cette nouvelle Europe s'était déguisé ; mais il avait troqué la lourde encolure du taureau contre le pelage délicat du chamois. Femme et dieu parcouraient avec ivresse les pâturages vierges, les prairies odoriférantes ; rien si ce n'est le gazouillement de ces fameux oiseaux rouges restés inconnus à Liotard, ne troublait le silence de leurs ébats. Le chamois broutait sentimentalement aux pieds de la paysanne, quand tout à coup le mari, averti par Mercure, messager et espion des dieux, montre son nez dans une découpure de la roche. La déconvenue du maître de l'Olympe devait être vengeresse. Le tonnerre gronde ; fendue d'un de ces coups de pied dont les dieux de la fable ont emporté le secret, la falaise s'ouvre ; l'époux, trop curieux, roule jusqu'au Ténare. « Ainsi périsse, s'écrie Jupiter, quiconque tentera désormais l'ascension du Mont-Aiguille ! »

V

Un peu de prose au regard de la poésie. Le faite du Veymont est conformé de telle manière qu'on n'y rencontre pas une roche, pas un pli de gazon pour vous abriter, vous et votre déjeuner. Heureusement le vent du nord, qui reste à l'état de brise, s'est chargé de sécher nos vêtements pendant la dernière demi-heure de notre montée. Je me suis plaint de la pénurie d'eau. Le fait est qu'en montant, on ne trouve qu'une petite source à gauche du hameau de *La Ville*. A la descente aussi, sur deux fontaines enterrées dans un recoin du plateau des sapins, une est tarie une grande partie de la saison. Admirez ici combien

Nécessité d'industrie est la mère,

pour répéter le proverbe versifié par Gresset, deux mille ans après Théocrite. Dussert, — ami et contemporain de mon Mentor, l'Hercule de la commune de Gresse, que M. Jacquier a emmené pour me conduire jusqu'à la Chapelle en Vercors, — Dussert, nous avait abandonnés, vingt minutes durant, à la montée d'au delà du *Pas-de-la-Ville*. je ne soupçonnais pas pourquoi; puis, il reparaissait, un quart d'heure au-dessous du sommet, avec un énorme paquet sur le dos, que de loin on aurait pris pour du linge lessivé et tordu, et qui n'était autre chose que de la neige ramassée à une plaque voisine, fortement tassée, et embrochée dans son bâton de montagne tout comme un quartier de mouton. Une fois parvenu au sommet, Dussert cherche une pierre plate, bien exposée au soleil, couche, en l'équilibrant, son bâton dessus, et je vois notre magot blanc, supendu dans le vide qui fond, très lentement, en laissant tomber, goutte à goutte, une eau excellente. — Voilà de l'eau frappée, sans *carafe*, qui a son prix.

Au bout de trois heures, le paquet de neige, quoique grillé de chaleur, était si dense, qu'il s'en conservait encore un tiers. Je considérais Dussert avec un air émerveillé, « — Ce qui vous étonne, me dit-il, répondant à une interrogation muette, c'est notre A, B, C, à nous autres. Nous apprenons cela dès l'âge de dix ans, quand nous commençons, en qualité de pâtres notre apprentissage de la montagne. L'eau *fabriquée* ainsi ne sert pas seulement aux hommes. Tenez, regardez donc ces cinquante pauvres brebis, que nous avons rencontrées tantôt, blotties, pelotonnées sous l'angle d'un rocher. Leur berger, qui n'a pourtant garde de les oublier, les abandonne parfois pour une semaine entière; d'ici là, il repassera une ou deux fois peut-être pour inspecter son bétail. Quelques brins d'herbe arrachés d'entre les pierres sont maigre pitance ; aussi crèveraient-elles, sans la neige qui est à deux pas, et dont elles mangent chaque jour d'un féroce appétit. »

VI

A midi et demi, nous abandonnons notre belle montagne, en murmurant mélancoliquement avec Lamartine :

« D'un vol épouvanté, dans le sombre avenir,
Mon âme avec effroi se plonge;
Et je me dis : « Ce n'est qu'un songe
Que le bonheur qui doit finir ! »

En effet, c'est la montagne qui est la distributrice de quelques-unes des plus hautes jouissances de l'homme; et c'est à la montagne qu'elles sont forcément le plus brèves, c'est là qu'on est le moins à même de les prolonger.

L'itinéraire n'était pas douteux ; pour gagner le Vercors, il fallait descendre la croupe occidentale du Veymont en laissant le *Col des Bachassons* et la *Grande-Cabane* sur notre gauche; mais pouvait-on risquer une descente à pic, ou valait-il mieux revenir sur nos brisées au *Pas-de-la-Ville ?* Après discussion entre Jacquier et Dussert, nous opinons dans le premier sens ; mais nous ne le conseillerons à aucun touriste prudent. La descente à pic, ou par des zigzags très-raides, telle que nous l'avons pratiquée, aboutit à une falaise continue d'une trentaine de mètres de hauteur, qui forme la base de ce que j'appellerai le cône du Veymont. Par un temps clair, on se retrouve, et l'on retrouve aisément le seul passage possible, celui qui termine à l'extrême droite, le sentier du *Pas-de-la-Ville* ; mais s'il y a des nuages, on risque, en s'aventurant, après de belles jouissances, une dégringolade plus belle encore.

Au bas de cette descente, nous respirons sur un vaste plateau pierreux, crayeux, improductif, qui appartient pour partie à la commune de Gresse. Nous laissons dernière nous, à gauche, la *Fontaine de la Chaux*. Mais la belle chevelure noire des forêts du Vercors s'étend en tous sens devant nous ; je laisse avec un certain soulagement se reposer ma vue sur l'horizon ; j'oublie le plateau désolé que nous arpentons rapidement, quand j'entends résonner derrière moi un toc-toc, d'un timbre cuivré. Je me retourne : c'était mon compagnon Jacquier qui choquait ensemble deux gros cailloux, comme il eût fait deux cymbales. « Plusieurs pierres de notre montagne ont cette propriété de résonnance métallique, me dit-il : nos paysans les surnomment *pierres parlantes.* »

Dussert oblique un bon quart d'heure sur la droite en quête d'un peu d'eau, tandis qu'à travers rocailles, nous allions, M. Jacquier et moi, faire une halte d'un quart d'heure, prélude de nos adieux. A travers l'espace, et par dessus les montagnes, je vous la retends encore la poignée de main de la reconnaissance, cher M. Jacquier, nature noble, élevée, tenant si bien ce quelle promet !

A trois heures un quart, pendant que M. Jacquier remonte avec célérité vers Gresse, me laissant avec son ami Dussert et Mury, nous nous engageons dans une vaste forêt, rocailleuse à son début, mais dont le beau gazon destiné au pacage et à peine entamé par la dent du bétail, adoucit de plus en plus les aspérités à mesure qu'on y pénètre. La plante des pieds, écorchée par le clapier, enfonce avec délices dans ce velours ; mais l'œil erre avec tristesse le long de ces clairières vides, de ces régions mal garnies et qui semblent peu surveillées.

Nous ne faisons plus que descendre jusqu'au hameau de *la Britière*. Belle forêt, disais-je ; mais quel nom a-t-elle ? La carte de l'Etat-Major se tait ; dans la discussion sur l'itinéraire à suivre vers la *Chapelle*, M. Jacquier conseillait, si je ne me trompe, le passage par *Vassieux*, comme plus di[illegible]t ; Dussert préférait la descente vers la *[illegible]re*, comme plus sûre, plus douce, mieux frayée ; mais il ne m'ont pas fourni de donnée sur le nom de cette sapinière que nous baptiserons, jusqu'à plus ample informé : *Forêt de Corençon*.

Au bout d'une heure un quart de marche vigoureuse, nous dépassons la Croix qui sépare le Vercors du Trièves, la Drôme de l'Isère ;

une heure après, vers cinq heures, nous nous reposons quinze minutes dans le chalet forestier de la Coche. Le maître de céans était en course ; aussi qu'il m'autorise à lui adresser tous mes compliments pour la manière dont sa femme prépare le café noir. Ce cordon bleu, dont, paraît-il, la réputation s'étend dans tout le Vercors, n'aura-t-il pas grondé son aimable nièce de m'avoir laissé vider son litre jusqu'à la moitié ? Qu'elle s'en prenne à son talent ! Après le thé, coupé d'une légère dose de rhum et de sucre, dont j'ai essayé le salutaire effet cette année, sur les conseils de MM. Joanne et Tyndall, je ne connais que le café étendu d'eau pour abreuver en soutenant l'estomac [1]

VII

La maison du garde rase la lisière des sapins. Nous tombons de là sur des bois qui m'ont semblé d'espèces beaucoup plus jeunes et plus variées. La voie s'élargit ; elle devient tout à fait carrossable. C'est à l'administration des Eaux et Forêts principalement qu'on est redevable de ces percées qu'elle multiplie, qui sont

---

[1] Je suis intrigué par le vrai sens du mot *Jasse*. Il y en a quatre ou cinq d'indiqués dans la feuille Vizille de l'Etat-Major correspondant à mon itinéraire. M. Xavier Drevet le définit : un *parc à brebis*. *Jasse*, alors malgré son orthographe incorrecte dériverait de *jacere*, être étendu. Le troupeau y gît, s'y repose.

l'âme et la mise en valeur de la propriété forestière, et qui, à côté des bonnes routes, engendrent les bons sentiers. C'est justement notre cas. La grande route affecte d'innombrables lacets, qui mènent presque jusqu'à la *Croix-du-Roussel;* nous coupons par un des sentiers les plus confortables que j'aie rencontrés dans le Dauphiné (je le recommande à mes successeurs) et nous économisons une bonne heure sur le chemin de la *Britière.*

Ici, j'éprouve le besoin de me taire, mon cher ami, et de passser, pendant que je m'éponge avec un mouchoir, la parole à mes deux compagnons de marche; Pierre Mury, de Vaulnaveys, et Dussert, de Gresse. Je sténographie une innocente prise de bec.

Mury. — Morgué! Je ne veux pas dire du mal de votre pays, M. Dussert, mais quelle différence avec le nôtre!

Dussert. — Comment l'entendez-vous donc? Notre pays est bien assez beau comme ça. Nous n'avons rien à envier à personne.

Mury. — C'est pas pour dire, mais vos forêts de sapins...

Dussert — En forêt, il n'y eut oncques de plus beaux pâturages.

Mury. — Oui, mais en forêt, je n'ai de ma vie vu arbres plus vilains. Regardez-moi çà; comme c'est menu, et maigre, et rabougri! Des clairières de tous côtés!

Dussert. — Il y a des clairières partout.

Mury. — Faites excuse, il n'y en a pas dans nos pays. Si vous voyiez *nos* arbres de *nos* communes et ceux de Monsieur le Comte [1] !

Dussert. — Si vous regardiez les nôtres et ceux de l'État.

Mury. — Nous tenons des châtaigniers, qu'il faut sept hommes, bras tendus, pour les entourer.

Dussert. — Nous avons des sapins dont on n'a jamais songé à mesurer le tour, tant ils sont gros.

Mury. — Et puis, regardez : rien encore chez vous. Chez nous, tout est mûr : on n'a qu'à se baisser pour ramasser la mûre, la framboise, la fraise.

Dussert. — Le fruit ne rapporte pas. Avec nos pâturages, nous fabriquons du fromage.

Mury. — Oh ! le riche pays que le pays d'Uriage et de Vaulnaveys !

Dussert. — Oh ! qu'il fait bon à Gresse et à Vassieux !

Cette joute entre deux patriotismes de clochers, qui est restée très modérée d'ailleurs et qui n'est pas même allée jusqu'à l'acrimonie, m'a paru piquante à enregistrer. L'homme, cet être ondoyant et divers, reste, malgré qu'il en ait, toujours le même partout.

VIII

Cependant nous touchons barre à la *Brilière* vers sept heures moins un quart, deux petites

---

[1] Dans la bouche de Mury, il ne pouvait être ici ques-

heures après avoir quitté le garde. Notre montre nous apprend que nous avons quinze heures de marche dans le coffre, ce qui représente bien un massacre de quarante-cinq à cinquante kilomètres. J'aurais bien voulu pousser à pied jusqu'à la *Chapelle-en-Vercors;* mais sept kilomètres dont quatre de montée nous en séparent ; le soleil se couche, je me sens épuisé ; le bon Mury lui-même se tait, et bourre sa pipe sans verve. Grâce aux démarches de Dussert, le fils du *débitant* (c'est le vocable de l'endroit), Julien Algoud attelle un cheval de labour à son char-à-bancs, et à sept heures un quart, la lourde bête galope, ma foi, avec l'entrain d'un cheval de trait.

Nous sommes en plein Vercors.

Le Vercors est un pays essentiellement chétif, à tous les points de vue : nature, sites, productions, industrie, tout végète en cette région mal favorisée, et sa pauvreté provient non seulement de sa position encaissée et fermée durant des siècles, mais de son extrême exiguïté. Sa plus grande longueur, de la *Croix du Roussel* à *Saint-Julien,* ne dépasse peut-être pas trente kilomètres : et la Vernaison, ce torrent au nom si gracieusement poétique, qui se perd en cet endroit, semble se dérober aux tristesses du paysage, comme fait le Rhône près de Genève, pour rejaillir

---

tion que des arbres peuplant les forêts de M. le comte de Saint-Ferriol, et c'était bien, en effet, du domaine d'Uriage que mon brave porteur voulait parler.

aux environs de la *Chapelle en Vercors*, et reparaître avec toute l'opulence et toutes les grandeurs dont elle est susceptible, entre les *Goulets*. Le lecteur me pardonnera donc si je ne dis rien de Saint-Aignan, si je passe sous silence la chapelle votive de Saint-François, si je ne mentionne que pour mémoire la Fontaine intermittente de la *Luyre*, à la Britière. « Même, — me disait mon conducteur, un solide gaillard au chapeau de paille à larges bords campé en champignon renversé, — même depuis le percement de la route des Goulets, notre pays est d'un manque de ressources désolant. Il faut, à partir de la Britière, faire vingt-cinq kilomètres pour rencontrer un médecin. » On sent que le Vercors est pris, écrasé entre le Royans et le Diois, qui ne cessent de lui prendre sans lui rien rendre.

J'engage les voyageurs qui couchent à la *Chapelle en Vercors*, à aller tâter des casserolles de Mme Revol : elles sont succulentes. Qu'ils ne demandent pas de la *Clairette* de Die, par exemple : il y a là-dedans un goût bâtard, mélangé de limonade gazeuse et de pale ale, qui en font un breuvage épouvantable. L'eau de la Chapelle ne vaut pas non plus celle de la Britière, une des plus exquises, des plus légères que j'aie bues dans le Dauphiné. De l'eau pareille, cela ne se boit pas, cela se déguste.

Ici, je modifie encore mon itinéraire. Demain, jeudi 14 août, j'irai bien à Pont-en-Royans par les *Goulets*, c'est de rigueur ; mais je ne rentrerai à Grenoble ni par Saint-Marcellin et la Sône, ni par Saint-Hilaire-du-Rozier. Foin du chemin de fer, puisqu'à Pont-en-Royans, j'ai devant moi, toute ouverte depuis 1874, la route de la Bourne jusqu'au Villard-de-Lans.

Au sortir de la Chapelle, je traverse dans le char-à-bancs conduit par M. Revol, avant d'atteindre les *Grands Goulets*, un gentil paysage de bouquets de bois, constellés de blocs de pierre gris, et où l'on flaire le lièvre, la perdrix rouge, la bécasse ; le gibier est la richesse du Vercors. Bientôt, deux ou trois maisonnettes adossées à la falaise (c'est le hameau de la *Baraque*), nous annoncent l'approche, la présence de ces fameux Goulets, une des merveilles du Dauphiné.

Je ne m'attarderai pas à copier la description élégante, presque poétique cette fois, que M. Adolphe Joanne a consacrée à cet admirable passage ; je renvoie le lecteur à son *Jura et Alpes françaises* ; mais toute pittoresque qu'est cette route, que je recommande avec feu à mes bienveillants lecteurs, j'avoue que la main de l'homme m'y intéresse beaucoup plus que celle de la nature, et que je regrette de n'être pas sorti de l'Ecole Centrale ou de l'Ecole des Ponts et Chaussées pour célébrer cette œuvre avec la compétence convenable, et dans les termes d'un enthousiasme réfléchi, c'est-à-dire profond. Pour avoir une idée de ce labeur, dont la hardiesse frise le génie, figurez-vous, lecteurs, que le mont Allier ouvre à peine ses flancs à la Vernaison qui s'y est ruée quand même, puis les ferme sur elle, les rapproche sans cesse, étrangle presque le torrent intrus, de manière à ce que les falaises de droite et de gauche tombent d'aplomb comme les façades de deux maisons hautes chacunes de six ou sept cents mètres. En 1829, le premier ingénieur qui a conçu le percement de ces rochers formant un angle de quatre-vingt-dix degrés, qui a prévu les souterrains nécessaires, les encorbellements indispensables, les tabliers de fer utiles, celui-là n'a-t-il pas été pris pour un fou ? Et pourtant, la science, ce bras de Dieu dont l'art est le sourire, la science nonobstant toute vraisemblance a dit : « Que la route des Goulets soit ! » et la route des Goulets a été ! Et le Vercors qui se mourait faute de communications avec le Royans, est revenu à la vie : l'activité des transactions si chétive qu'elle y fût, y était née ! Dire que ce tour de force d'ingénieur n'a coûté que 350,000 fr. ! Il est vrai que l'un des entrepreneurs s'y est ruiné.

La mythologie, cette vieille fée qui se survit depuis deux mille ans et rabâche encore quelques fables dorées dans le Trièves, s'est retirée du Vercors ; l'histoire y reste toujours avec son cortège de faits, de comédies, de mélodrames.

Lecteur, si votre curiosité vous pousse jamais en ces parages, faites-vous montrer les traces des travaux des Romains, ces admirables constructeurs, auxquels il n'a manqué que la poudre pour devancer les modernes. Dans l'impuissance de faire sauter le roc, ils ne s'étaient pas tenus pour battus et avaient imaginé de construire, au-dessus de l'eau, un pont en bois, qui suivaient les contours de la Vernaison, probablement tout le long des Goulets actuels. On voit encore dans les rochers les entailles des traverses, probablement garnies de métal, qu'ils avaient soudées dedans (près du hameau de la *Baraque*).

Laissez-vous raconter aussi les anecdotes gaies ou tristes qui ont précédé ou suivi l'inauguration des *Goulets :* la vache affolée qui n'a pas su résister à la tentation de prendre un bain dans la Vernaison, et qui y a été repêchée gelée ; les ouvriers imprudents précipités dans l'abime par la rupture d'un câble ; le commissionnaire assassiné au tournant du versant d'Echevis. L'anecdote la plus drôlatique est celle du *mariage compromis.* Une noce descendait de la Chapelle au Pont en équipage et d'une allure modérée, quand le cheval, désireux de montrer que lui aussi était de la fête, devient d'une gaieté inquiétante et emboite un galop fulgurant, juste à la sortie du tunnel et sur le coude le plus escarpé de la route. Là-dessus, cris du fiancé, jurons des parents, syncope de la future. Heureusement que l'on a coupé les traits ; le cheval, vraiment enragé, saute dans la Vernaison, où il reste ; et nos consorts futurs sont mariés et contents [1].

---

[1] J'ai lu depuis, avec le plus réel plaisir, que Madame Louise Drevet avait placé dans ces sombres gorges la scène la plus pathétique de sa charmante nouvelle *La Sandrine*.

IX

Oh ! les délicieuses truites qu'on savoure à *Pont-en-Royans*, chez Bonnard ! On a surnommé le frontignan, quand il est vieux, de l'ambre liquide ; ces truites sont de la véritable eau de roche *caillée*, qu'on me passe l'expression. Cher Directeur et ami, excusez cette petite digression culinaire qui me fait négliger mes impressions de voyage avant d'arriver aux *Petits-Goulets*.

Il y a là un petit bijou de pays, récréé par des vignes et des mûriers, ombragé, chargé, j'allais dire, écrasé de noyers, qu'on nomme le vallon et le hameau d'*Echevis*. Noyer, charmante essence, ton sommeil est dangereux, dit-on ; mais que ta végétation est précieuse, que ton ombre est embaumée !

Nous avons quitté *La Chapelle* à dix heures et demie du matin pour arriver à *Pont-en-Royans* à une heure. Nous quittons *Pont*, sa situation gaie et aérée, ses allures qui deviennent modernes, ses maisons étayées et adossées au roc qui se raréfient, à deux heures et demie. Nous allons prendre la Bourne à son confluent avec la Vernaison, pour la remonter jusqu'à sa source, au Villard-de-Lans (par le hameau de la Balme de Rencurel.

Au moment de quitter Pont-en-Royans pour me diriger sur la Balme, et, de là, sur le Villard-de-Lans, grande devient ma perplexité, ô lecteur las déjà de mon trop prolixe récit. J'ai déjeuné au Pont, je suis remonté en voiture à deux heures après midi, et le soir, à sept heures, je m'arrêtais sur la place du Villard-de-Lans. C'est dire que j'ai à peine entrevu le *Pont*, et que le galop étourdissant de mon équipage m'a emporté comme dans un tourbillon de paysages superbes de sauvagerie, mais trop rapprochés, trop tassés les uns sur les autres, et qui échappent par conséquent à l'équilibre d'une impression saine, reposée, s'analysant elle-même. L'aquarelle de tout cela est donc fort embarassante. Mais son embarras devient découragement, et découragement inéluctable, du moment que j'ai pris connaissance de *La Vallée de la Bourne*, de Madame Louise Drevet. Cette brochure, que je viens de lire trois fois coup sur coup, avec la soif du chasseur qui trempe trois fois sans désemparer sa timbale dans une source fraiche, cette brochure me parait le chef-d'œuvre du gracieux auteur de tant de miniatures dauphinoises si bien réussies. Cela est *vu* avec l'esprit de l'historien qui rappelle, cite, raconte sans pédantisme, comme avec l'œil tantôt de l'aquarelliste qui indique, tantôt du peintre à l'huile qui fixe et empâte. Cela est nourri et aéré, sérieux et coulant, depuis le préambule et les justes éloges décernés à la pierre de l'*Echaillon* (page 9), jusqu'à la poétique préroraison du *Royaume des Fées* (page 38). Je recommande surtout aux lecteurs la légende du *Rocher de Saint-Gervais* (page 15), la description des *Ruines de Beauvoir* (page 19), mais, de préférence à tous les autres, les chapitres sur *Pont-en-Royans* (page 20), sur la *Route de la Balme au Villard*, sur la *Goule Noire* et la *Goule Blanche* (pages 31-37) : ici la verve patriotique de l'auteur était vraiment électrisée ; c'est du Léo Ferry des meilleurs jours. Les « célébrités avant la lettre et les bergères sans atours » (page 32) ; « l'air apéritif des vallées » (page 39) ; « les statues figées dans leur immortalité de pierre » (page 51), sont quelques-unes des nombreuses trouvailles de style de cet entraînant récit. Entraînant, même dans ses plus séduisants écarts, car la « petite prairie très *pentive* » de la page 53, que les grammairiens dénonceront comme un barbarisme, je le tiens pour un provincialisme exquis ; et s'il y en a beaucoup de pareils dans *Grenoblo Malherou*, je pardonnerais, moi, soudard de la correction, à ces francs-tireurs de la langue. Que Léo Ferry pardonne cette irrévérencieuse remarque à l'un de ses plus sympathiques admirateurs. A ceux qui, ayant parcouru la vallée de la Bourne, s'aviseraient encore de la décrire, je dirais : « Fermez votre encrier ; cassez votre porte-plume ; après Madame Louise Drevet, on peut encore replacer l'échelle pour la montagne ; mais il faut la tirer pour la description. »

Du Villard-de-Lans, où j'entre avec l'équipage de M. Revol, à six heures trois quarts, un bon cheval de la maison Traffort me ramène à Grenoble en deux heures et demie, le jeudi 14 août, lendemain de mon ascension.

Le brave Mury n'en veut pas encore croire

ses lunettes d'avoir tant vû de choses en moins de soixante heures. « — Moi qui, à cinquante-six ans, allais pour la première fois en chemin de fer! Morguienne, faut-il que la locomotive ait de fiers poumons pour grimper comme ça par dessus Vif! Pour rien au monde, je ne voudrais point avoir *évu* ce que j'ai *évu !* Les *Goûlets*, c'est-y *ben joôli !* Et la Bourne, c'est beaucoup sauvage ! »

IX

NOTE

CURIÉRESQUE ET CHARTREUSINE

Uriage, le 19 juillet 1880.

A MONSIEUR XAVIER DREVET,
Directeur du Journal *Le Dauphiné.*

Mon excellent Directeur et Ami !

La brochure de votre fils Louis-Xavier, *Le Col de la Charmette et la Chartreuse de Curière*, est un bijou de précision ; je n'ai eu qu'à le suivre pas à pas, par le splendide dimanche d'hier, de Saint-Laurent à Proveyzieux, pour me payer une promenade superbe et me créer une base d'élan précieux en vue de courses plus longues et plus ardues que nous allons faire ensemble. Je n'ai donc pas la prétention de recommencer un travail qui a été si bien réussi ; je veux seulement le compléter par quelques notes que la date choisie par vous (le 15 février) et le temps forcément étranglé par la saison vous ont obligés tous deux d'omettre.

Avez-vous remarqué tout le long de votre descente, à partir de la Charmette, ces curieuses charpentes en bois descendant de 100, 150, 200 mètres de hauteur, qui se frayent hardiment passage à travers frênaies et sapinières, aboutissent, sur la tranchée de la route, à des cuvettes de maçonnerie, à moitié remplies d'une poussière rouge comme la belle pierre de Saverne en Alsace? Vues de près, ces charpentes ne sont qu'une énorme série de tuyaux prismatiques, dont les joints sont consolidés par des cadres en bois chevillés, parfaitement établis, et au besoin, calés sur des poteaux solides.

C'est dans ces tuyaux que descend la poussière rouge dont on fabrique la brique réfractaire pour fours de fusion métallique, chauffés à 2,000, 2,500 et 3,000 degrés. Le Charmant-Som est le grand fournisseur de cette précieuse matière à brique; il contient dans ses flancs de quoi défrayer tous les fours de l'Europe. Quelle source de richesse pour le Dauphiné, encore inconnue naguère!

Voilà pour l'industrie forestière.

Avez-vous aussi été aussi suffisamment frappé par le site intime de l'*habert Tenaison?* Il n'y a évidemment pas ici l'ampleur sobre, l'expansion aérienne, l'intérêt que le regard sévère du Grand-Som communique à la Charmette. Mais quelle source, que celle qui est au bout de la prairie, du côté de la Charmette! Il faut penser à la vallée de Luz, ou aux flancs du Cabaliros, aux Pyrénées, pour retrouver sa pareille! Pour glaciale qu'elle est, elle est si tonique, si réconfortante que les gardes forestiers l'ont traditionnellement baptisé « la Fontaine d'Absinthe ». C'est la source type non-seulement des forêts de la Chartreuse, mais de tout le département de l'Isère. Pas bête, le peuple, quand il s'agit de créer des métaphores ! Mais quel honneur pour l'absinthe, bon Dieu ! Aussi, j'invite les voyageurs qui emboiteront le pas sur moi, à déboucler leur havre-sac à la source Tenaison, s'ils veulent arroser leur déjeuner d'une absinthe hygiénique !

Voilà pour l'itinéraire.

Quant aux faces morales et pittoresques de la promenade, Louis-Xavier n'a presque rien laissé passer. Le frère précepteur qui dirige l'enseignement des sourds-muets à la *Chartreuse de Curière*, m'a fort bien reçu ; il décrit avec clarté les nouvelles méthodes, qui perfectionnent les systèmes de l'Epée et Sicard et substituent l'*articulation* aux *doigts*, toujours par l'inspection optique du mouvement des lèvres. Il y a là, évidemment, un agrandissement du principe primitif, un admirable et ingénieux élargissement de méthode qui permet à ces pauvres infirmes, dont le regard pétille d'intelligence sagace, de passer du souffle *abstrait* au souffle *phonétique* des consonnes, puis des voyelles. Mais quelque louable que soit ce résultat, je crains qu'il ne demeure forcément borné; je n'en puise pas la preuve non seulement dans la nature sourde, lente, pâteuse de l'articulation, mais dans l'aide *continuelle* que les *doigts* du professeur prêtent au mouvement de ses lèvres et à l'expression de ses yeux. Bref, je crois que les sourds-muets arriveront petit à petit à un degré d'articulation fort imparfait pour converser avec les *parlants*, mais qu'entre eux, ils préféreront toujours le procédé dont ils sont redevables à cet humanitaire de génie qui se nomme Sicard.

Quel dommage, pour clore, mon cher ami, que la date du 15 février ne vous ait pas permis de décrire, entre Curière et Tenaison, un coude de dix minutes dans la forêt à droite, pour y admirer les deux plus beaux sapins du département, peut-être de la France. Il y a à Fontainebleau, entre Apremont et Franchard, un vieux chêne, surnommé *Pharamond*, qui, s'il n'est pas contemporain du premier des Mérovingiens, semblerait volontiers l'être du premier des Capétiens. Eh bien ! les deux sapins-frères de la forêt de la Chartreuse soutiennent le parallèle sans pâlir. Ces deux colosses, hauts, l'un de 45, l'autre de 50 mètres, larges, à la base, l'un de 33 pieds, l'autre de 28 pieds, jaugent, je gage, entre l'écorce et le cœur, six ou sept siècles ; leur sève semble inépuisable ; ils portent leur âge avec l'infatigable sérénité des dieux de la fable antique. Votre fils parle heureusement « de ces énormes sapins alignés comme les soldats d'une armée innombrable prête à passer une revue de grand jour ». Il n'a malheureusement pas vu les deux généraux de division de cette armée ; et quels généraux ! des officiers supérieurs qui, sautant à pieds joints par-dessus deux décades de siècles, vont peut-être attendre trois ou quatre cents ans encore avant de prendre leur retraite !

Quelle jolie descente, cher directeur et ami, que la nôtre, de Proveyzieux à Grenoble ! Quelle fraîche cuvette de végétation dont le Casque de Néron, l'Aiguille de Quaix, la Pinéa, le Chamechaude, Saint-Eynard, Le Ranz-du-Buis, découpent élégamment les parois. C'est égal, malgré la beauté du spectacle, malgré la pluie d'or dont le soleil imbibait sa couche, je murmurais, à part moi :

« Oh ! ces deux sapins-frères ! ces recéleurs solitaires et inconscients de forces éternelles de la Nature ! »

Et, chemin faisant, dans notre poitrine dilatée par les montées du serein des montagnes, notre cœur se serrait quand même ; car nos yeux ne tombaient-ils pas d'aplomb, sans pouvoir l'éviter, sur cette maison d'aliénés de Saint-Robert ? C'est le modèle des établissements de ce genre ; c'est aussi l'un des titres de gloire du créateur d'Uriage du comte Louis de Saint-Ferriol d'en avoir été presque toute sa vie l'un des administrateurs les plus ardents, les plus zélés, ce chrétien profond et sans faste, dont l'existence n'a été qu'un dévouement continu non-seulement à la santé des malades de corps, mais au traitement, bien autrement difficile et rudimentaire, des infirmes du cerveau.

Quand nous irons au Charmant-Som, cher ami, n'oublions pas de prendre un homme qui m'a été précieux pour ma promenade d'hier : Trappet, fermier actuel de l'octroi de Saint-Laurent-du-Pont, ex-brigadier de la forêt de la Grande-Chartreuse. C'est un homme parfait de façons, malgré ses cinquante-sept ans, agréable d'entretien et botaniste par surcroit. Il connait Grand-Som et Charmant-Som sur le bout...de la jambe.

Toujours bien vôtre.

X

OBIOU ET BELLEDONNE

Uriage-les-Bains, 2-4 septembre 1880.

A MONSIEUR XAVIER DREVET,

Directeur du journal *Le Dauphiné*.

Cher ami,

Votre indulgence, toujours inépuisable comme votre amitié, réclame pour *Le Dauphiné* la narration de mes dernières courses : Obiou et Belledonne. Dame ! ce n'est guère commode ! Bon pour le Belledonne, qui a daigné se laisser conquérir, et dont j'ai baisé la croix ensoleillée ; mais de l'Obiou, de ce rogue et rugueux souverain du Dévoluy, que dire ? Vous savez que les montagnes, ce n'est pas comme la loi, qu'on observe en la tournant ! Or, nous n'avons fait que le tour de l'Obiou ; notre promenade a été découronnée, vous en savez quelque chose. Mais grâce à vous, grâce à nos entretiens de chaque heure, grâce à votre merveilleuse mémoire dauphinoise, bibliothèque vivante et entraînante, notre promenade, si décapitée qu'elle a été, sera une *décapitée parlante*. S'il y a dans les lignes qui suivent des idées et quelques traits, ils sont à vous : reprenez-les, cher ami : je vous les rends.

I. — Obiou.

Vendredi 20 août.

Trois nez m'apparaissent à la portière du wagon qui s'arrête à Vizille ; Xavier Drevet, Louis-Xavier Drevet, et notre brave Rémy Favier, notre ex-compagnon des Sept-Laux, le grimpeur du Grand Pic de Belledonne et de l'Etendard. « Allons, montez vite ! » et l'on me hisse avec tant de prestesse et de vigueur, que j'entends à peine articuler un juron sitôt mort que né. « Pourquoi donc les ardillons de vos guêtres sont-ils si pointus ? » m'insinue Louis Xavier avec nargue. Je parcours d'un œil intrigué la composition de notre compartiment, et je m'arrête, avec un ébahissement voisin de l'hilarité, devant..... un hiatus considérable pratiqué dans la culotte d'un vis-à-vis par le maudit ardillon. Confusion et excuse du coupable ; pardon de la victime qui se raccommode élégamment avec une aiguille. — « C'est égal ! mauvais début ! grognonne Rémy Favier à mes côtés. — Et pourquoi donc mon brave ? — Dame, M'sieur, vous savez, nous antres campagnards, nous *sons* superstitieux ! — Après ? — Dame, M'sieur, vous voulez filer droit sur Obiou, et vous commencez par un accroc ! Comment, après cela, croire au beau temps ? » Le fait est que le ciel donne raison au seul jeu de mots que Favier ait *pondu* depuis cinquante-deux ans. Il se rembrunit et s'échaude joliment à partir de Saint-Georges-de-Commiers.

Au Monestier-de-Clermont, nous sommes attendus par un cocher de Grenoble que je ne nommerai point, que j'ai pris par charité, mais que je ne reprendrai plus. Sous une belle calotte d'atmosphère éclairée par le soleil ou les étoiles, vous passeriez bien des choses à l'Automédon, voire le plus mal outillé ; mais engagez-vous, par exemple, sur une route très bien carrossée comme celle qui va du Monestier à Mens par Treffort et Roissard, une de ces routes douces qui ôtent tout prétexte au mauvais vouloir du cocher ; cheminez entre sept heures et onze, sous des torrents de pluie et des averses d'éclairs ; connaissez-vous une préoccupation plus grande que celle d'arriver au plus tôt ; un agacement pire qu'une jument qui boite, et dont les soubresauts rhythmiques vous chatouillent l'oreille avec une sensation de quatre heures de hoquets consécutives ? Cette route d'ailleurs, qui passe, si je ne me trompe, au pied du Cornillon, serait parfaitement insipide, sans le fameux *Pont de Brion*, sur lequel je reviendrai plus tard. Chose bizarre, sur cette voie si lisse, pas un indicateur aux carrefours ; même en plein soleil ou en pleine lune, la carte est impuissante. D'innombrables et incompréhensibles lacets autour de collines sans raideur. Pourquoi ces lacets ? Serait-ce un reste des traditions de ces villages du moyen âge, qui, vivant comme l'escargot dans sa coquille, se cantonnaient derrière des plis de terrain, s'ensevelissaient sous des labyrinthes de routes dominées par des sentinelles de pierre toujours à l'affût, comme l'ex-forteresse du Pont de Brion ? Nous dételons à Mens à onze heures. Souper fort propret, et bons lits, chez M. Bonnet. Nous avons autant de sable que de pluie dans les yeux. Bonsoir !

Samedi 21 août.

« A force d'entendre se disputer catholiques et protestants ici, j'ai fini par devenir libre penseur : je crois en Dieu purement et simplement. » Ce cri de conscience d'un des *notables commerçants* de Mens, une de nos premières rencontres, est en même temps un résumé historique. Rappelez-vous, donc, ami lecteur, l'histoire locale du Dévoluy, du Trièves, de la Matésine, dans toute la seconde moitié du XVIe siècle : récapitulez les sacs et rapines, les blocades et incendies, les haines de famille et assassinats, que l'accouplement monstrueux de ces deux mots : *guerre* de *religion* a engendrés dans ces petites régions ; pensez aux animosités amorties, mais latentes, qui divisent encore tous ces pays en deux camps, les protestants et les catholiques, remplaçant les mousquets par les calomnies, les coups de dague par les coups de langue : et étonnez-vous que ce brave Mensois en ait pris son parti carrément. « J'abandonne, quant à moi, aux fanatiques les deux extrémités de la chaine, qu'ils font, eux, remonter jusqu'au ciel ; ici, trop de dogme, là trop de rite ; je saisis fortement le chainon du milieu, celui de la morale pratique, de la morale éternelle et divine : cela me suffit. » — Nous ne partageons pas tout à fait, quand au dogme, l'avis de ce digne indigène de Mens ; mais je note le trait, comme condamnation des guerres religieuses par le bon sens populaire.

Visite au respectable juge de paix, M. Chevandier, un vieil alpiniste, qui va nous ouvrir les portes de l'Obiou.

Visite à M. Gaujoux, pasteur de Saint-Sébastien-de-Cordéac, homme distingué et plein d'aménité. Il nous fait voir successivement : l'Ecole modèle protestante ; le temple orné d'une chaire dont la sculpture, assez intéressante, est une œuvre catholique antérieure à 89, et imposée, paraît-il, à l'artiste pécheur en guise de pénitence ; une inscription très nette, 1631, sur le fronton d'une maison ayant appartenu aux Bardonnenche, un des plus vieux noms du Dauphiné. — « Vous nous quittez, nous dit M. Gaujoux, juste au moment où Mens va vous faire fête. A midi, vous ne pourriez plus circuler : mille paires de bœufs, de mille francs chacune, vont encombrer nos rues ; c'est notre grande foire, sur laquelle les beaux pacages d'alentour vont verser leurs produits. » A ce moment, comme pour appuyer l'assertion, un Monsieur, d'une énorme circonférence, tire de sa bourse un billet de mille francs qu'il remet à un tiers pour un marché. Trop visible, le billet de mille ! la face rougeaude à triple menton, la nuque congestionnée à quadruple étage du maquignon en blouse, craque encore plus de sa suffisance, que son porte-monnaie n'est bouffi d'écus.

Dix heures du matin. A revoir, Mens ! Nous te revoyons pourtant, joli, intelligent et intellectuel chef-lieu de canton, pendant une petite heure environ de montée. Nous saluons, lointains, mais très visibles derrière nous, le Mont-Aiguille, le Veymont ; nous passons, au-dessus de Cordéac, devant la gentille allée de platanes qui mène à l'église de Chalanne ; nous apercevons les hameaux verdoyants encore de Quet et d'Ambel à la descente vers Pellafol ; puis nous contournons le *Châtel* ou *Bonnet de Calvin*, avant d'entrer dans la vallée de la Souloise et le domaine de Pellafol. Ce *Bonnet*, rasé ainsi de près, semble côtoyer le *Mont-Aiguille* ; il faut les lorgner du Veymont, ainsi que je l'ai fait, pour bien mesurer leurs distances respectives.

Arrivée, 3 heures, aux *Payas*, hameau séparé par cinq minutes de Pellafol ; c'est ici que nous devons racoler le garde forestier Bourcelot, munis que nous sommes d'un mot de recommandation par l'obligeance de M. Chevandier, garde général de Mens. Bourcelot absent, à la cueillette des framboises, nous nous dédommageons en commandant à Mme Isnard, la notable bourgeoise du hameau, un menu campagnard : omelette formidable de trente œufs qui résume tous les poulaillers des Payas, plus, des pommes de terre frites à n'en plus finir. Est-elle diligente, cette jeune Mme Isnard ! Se trémousse-t-elle pour remuer, éplucher, faire fondre ! S'entend-elle à faire pétiller le bois, à tisonner avec pince et *pelle à fols* coups ! — Nous trouvons pour commensal M. Villaret, conducteur des ponts et chaussées, vissé depuis un an à Pellafol par des travaux de canalisation fort importants qui touchent à leur fin. Conducteur très entendu, doué du don d'élucidation qui, en général, chez le Français, est un don de race, causeur intéressant, M. Villaret ne peut laisser derrière lui que des regrets et des souhaits d'avancement prompt et sérieux. — 2 heures. Arrivée de Bourcelot : tenue et façons simples et inspirant confiance. Il est flanqué de Combe et Barnel, les deux guides *officiels* de l'Obiou, que lui, Bourcelot, a gravi quatre fois.

Premier Conciliabule. Résolutions. Temps douteux ; digérons d'abord ; nous tirerons nos grègues *posteà*. Mais comment digérer ? sur une chaise de paille, en face des poêles de Mme Isnard ? Fi donc ! Allons, — pour qui sait fumer, — éteindre notre pipe sous les goutelettes impertinentes d'une petite pluie encore timide que nous saurons braver ! Allons contempler cette arc grandiose décrit à travers les nuages par l'Aurouse, le Faraud, le Ferrand, tous satellites du soleil fulgurant et souvent foudroyé Obiou ! Devinons, derrière ces sinistres remparts de la solitude et de la désolation, les quelques oasis potagères ou forestières, qui, grâce à l'irrigation, égaient Saint-Etienne et Saint-Didier en Dévoluy !

Allons nous faire expliquer par M. Villaret l'admirable mécanisme d'irrigation qui, allant capter les eaux de la Souloise près de leur source, les emmagasine dans un vaste canal souterrain de 15 ou 20 kilomètres, pour de là, féconder les prés au moyen des vannes de prise et des vannes de distribution ! Allons observer les semis de hêtres et sapins, créés sur des sillons parallèles, le long des contreforts inférieurs, déboisés et reboisables de l'Obiou ! Faisons-nous montrer ces petites baraques en bois, parodies de guérites, dites *boites de comptage*, et munies, à l'intérieur, d'un registre de feuilles volantes sur lesquelles les préposés de la voirie couchent le compte, établissent le nombre des montures, charrettes, voitures qui circulent chaque jour : statistique de charrois, utile, je suppose, pour déterminer l'importance de la voie, et préparer son classement administratif. N'oublions surtout pas, d'aller nous pencher au bord des *Ruines*, à six ou sept minutes des Payas ! Spectacle qui cesse vite d'être curieux pour devenir navrant ! Profitant des infiltrations souterraines qui l'alimentent, la Souloise, de petite qu'elle était, s'est faite grande et grosse, a élargi son lit, s'est creusé des berges à pic de 200 mètres de haut et a miné, par des affouillements sourds, l'humus des pâturages des Payas. Ce qui n'était qu'une fissure il y a quelque vingt ans, est devenu un ou deux trous béants, sableux, cadavériques, qui fomentent la stérilisation, qui gagnent comme une lèpre, et après avoir mangé les communaux des Payas, dévoreront, si les Eaux et Forêts ne veillent au grain, ceux de Pellafol.

5 heures. *Deuxième conciliabule.* C'est que décidément cela ne va pas du tout. Les nuages baissent et se condensent, la pluie tombe de plus en plus drue. Drevet père et fils regardent en l'air; Combe, Barnel, Bourcelot regardent de côté; moi, je regarde mes bottes, qui ont bien du regret de ne point fonctionner. *Résolution.* Diner, et attendre 8 heures.

8 heures. *Troisième conciliabule.* Plus de pluie: commencement d'éclaircie. A l'unanimité, nous décidons le départ pour l'Obiou à minuit, contre vents et marées, et dût une pluie de curés nous choir sur le crâne! — *Minuit.* Départ en chœur, l'âne *fiable* de Barnel, en tête. Nous nous sentons aussi légers de jambes que d'humeur. Nos tibias font merveille. Nous enjambons l'espace qui nous sépare des Baumes avec des bottes de sept kilomètres. Nous dansons au *Pas du Vallon*... Nous franchissons la première arête.... puis la seconde.... Les précipices effroyables ouverts sous nos pas nous laissent froids.... Nous formons une farandole en entonnant, à tue-tête, la *Marseillaise*.... Puis, silence prolongé.... Nous traversons une *mer de nuages*; nos sens se glacent, se figent, comme pour entrer en une phase de perceptions nouvelles.... Nous ne nous portons plus; il semble que nous sommes portés... Nous roulons sur des hauts et des bas avec la volupté du nabab suspendu sur les coussins moelleux de son

palanquin... Un pont se dresse au-dessus d'un torrent, aussi effrayant que celui d'hier, tant par la hardiesse de sa suspension que par le cachet superbe de son paysage.... Nous levons les yeux : trois diadèmes lumineux nous permettent de lire dans la nuit : Lesdiguières-Brion-Sautet.... Puis, il nous semble que nous recommençons à marcher.... Nous nous arrêtons devant une petite chapelle.... Nous reprenons notre montée.... La fin en est essoufflante.... Nous atteignons enfin une plate-forme entourée partout de magnifiques collines gazonnées.... Victoire !!! Nous sommes arrivés...

Dimanche 22 août.

.... A *La Salette* (1 heure de l'après-midi). Oui, en réalité, à la Salette, en passant, en rêve, par l'Obiou. Oui, encore un coup, la Salette, car voici, à gauche, la jolie église romano-byzantine, qui édifiée à 1,800 mètres d'altitude, témoigne autant de la volonté que de la piété ; voici les maisons hospitalières qui se soudent à l'église, et où l'on est si bien reçu, où l'on mange de si bonne viande, du moment qu'on dépouille l'anonymat. Volontiers vous parlerais-je des deux groupes de l'*Apparition* et de l'*Assomption :* tous deux sont en bronze ; le second est vraiment beau et les deux petits paysans, Maximin et Mélanie, dans une attitude parlante. Plus volontiers encore, disserterais-je sur la chapelle du Calvaire, dominée par la croupe du Gargas ; sur le récit de l'apparition solennellement répété chaque jour et suivi d'aspersions indulgenciées ; mais mon âme qui admet très sérieusement les miracles de l'Evangile, ne se sent pas dotée de lumières suffisantes pour comprendre ceux de Paray-le-Monial, de Lourdes, ou de la Salette. Le vrai miracle positif, indiscutable, ici pour moi, c'est celui du site, c'est un panorama mirifique, que des vapeurs désespérantes gazent.

Redescendons donc de ces hauteurs vertigineuses de la foi dans la localité rapace et processive de Corps ; admirons, chemin faisant, la belle route carrossière qui monte maintenant jusqu'à l'église ; saluons en passant, au bourg de la Salette, à deux heures du sommet, le brave maître d'école, joufflu comme un séraphin de Rubens, qui vous prodigue le vin naturel, les prunes raffraichissantes, l'accueil spontané ; et passons, à Corps, en soufflant un peu, la parole au digne brigadier de gendarmerie qui a manqué, par excès de transpiration, de perdre et la dignité du Conseil d'Etat, et sa place, à lui.

La petite scène se passait le 15 ou 20 août de l'an de grâce 1879. La bulle papale qui consacrait l'authenticité des miracles de N.-D. de la Salette, devait être lue aux pèlerins innombrables qui se tassaient aux alentours du sanctuaire ; mais, ladite bulle n'ayant point été, par les soins de l'évêque de Grenoble, enregistrée par le Conseil d'Etat, celui-ci, armé du Concordat, devait interdire *manu militari* la publicité de la bulle. Voilà donc notre brigadier qui, flanqué de dix hommes, astique son fourniment, enfourche son coursier en grandissime tenue, et, porteur de l'arrêté du préfet, entame l'ascension, avec mission de faire exécuter la loi. Mais quelle chaleur effroyable ! 32° à l'ombre !!! Au bout d'une demi-heure, on se déboucle et se déboutonne ; au bout de trois quarts d'heure, nos hommes descendent de leur monture hors d'haleine ; au bout d'une heure, nos dix gendarmes, rendus, exténués, tomberaient mi-morts sur la route, quand le brigadier, que la tyrannie du devoir raidit contre la torture de la soif, avise un paysan qui fume flegmatiquement sur le pas de sa porte. « Hé ! l'homme ! par N.-D. de Gournier qui nous regarde, ayez pitié de nous ! — De quoi donc, mon brigadier ? — Allons ! nous mourons de soif ! donne-nous à boire ! — Je ne donne pas à boire, brigadier ! — Nous te paierons ce que tu voudras la bouteille ; mais fais vite. — Je n'ai pas de vin, brigadier ; ou si j'en ai, c'est comme si je n'en avais pas. Je dis que je n'en ai pas pour vous, — à preuve que je n'ai pas de patente. Croyez-vous que vous allez me faire attraper une contravention comme ça, pour les beaux yeux de vot'gosier ? Vous avez soif ? Eh bien ! crevez, mes bons amis, crevez : ça ne me regarde pas ! — Animal ! tiens, la voilà ta patente, une patente provisoire, je vais te l'écrire, car je suis, moi, un représentant de S. Exc. le Préfet de Grenoble. (Et le gendarme de déplier gravement, puis d'exhiber, en se rengorgeant, l'arrêté devant le paysan ahuri qui n'en demande pas davantage). » — Le cellier s'ouvre, la bonde saute du tonneau, la brigade se désaltère, et, deux heures après, le Conseil d'Etat et le Concordat sont respectés au Sanctuaire. — Voyez pourtant : sans la rencontre du paysan, point de boisson ; sans la boisson point d'ascension de gendarmes présents à la Salette, loi violée et Conseil d'Etat honni : toujours la série des petites causes et des grands effets !

A six heures du soir, départ pour *La Mure*. Coucher de soleil qui nous désespère, tant il dégage petit à petit la chaine et les flancs de l'Obiou : il lui reste pourtant sur la cime, ce petit panache de nuages qui s'entête si obstinément sur les pointes et dont Phébus aura plus facilement raison que Borée demain matin. Adieu, Obiou ! heureux les photographes lyonnais, nos successeurs, auxquels tu feras moins grise mine qu'à nous ! Plus heureux le guide Combe qui, en 24 heures, t'aura foulé deux fois pour tirer le chamois qu'il a dépisté, et le rapporter, sur ses épaules, à Pellafol !

Joli paysage sublunaire. Décidément, Trièves et Mateysine ont le monopole des ponts grandioses ; car voici, dans celui de *Ponthaut*, sur la Bonne, un digne pendant des deux précédents, encore que celui-ci, élevé sur les débris d'un pont romain, ne possède ni le prestige historique du Brion, ni le pittoresque terrifiant du Sautet. — Bonaparte a passé par ici, retour d'Elbe. Les scènes de Laffrey trouvaient à Ponthaut leur préambule et leur préparation. Beaucoup de soldats, pas mal d'officiers, des fusils et des canons en masse : il n'y manquait...... que la poudre, parait-il.

Nous atteignons La Mure à neuf heures du soir.

Lundi 23 août.

Je conseillerais aux localités de la montagne, — n'auraient-elles pas l'importance croissante et les visées sous-préfectorales de La Mure, — de multiplier leurs foires, leurs vogues pour plaire au voyageur. Le village, canton ou commune, en foire ou vogue, c'est la paysanne tirant du bahut dotal ses affiquets les plus précieux pour s'embellir et célébrer dignement une fête de famille. L'échoppe surbaissée et peu odoriférante du perruquier qui essuie le rasoir au doigt, parce que la serviette coûte trop cher; le magasin de l'encadreur qui cumule le commerce des photographies et des parapluies ; le libraire qui tient des jouets d'enfants et des boites de dragées ; les étalages de clous forgés de frais; l'engorgement des ruelles trop étroites pour l'affluence ; l'entassement des charrettes et des voitures à bras ; ce pêle-mêle de la population fixe et flottante, grouillant, criant, buvant, marchandant, affairé : c'est la fourmilière humaine, toujours occupée, jamais lasse ; c'est La Mure, le jour de la foire. Et la variété des types, que le marché a l'avantage de masser et de concentrer pour quelques heures, est ici un agrément de plus. Que de jolies paysannes, élancées, fines et appétissantes ! Elles me font penser au type des Arlésiennes.

La perle de cet écrin, c'est Mlle Pelloux. Fille, pour la beauté, d'une mère qui s'en souvient encore, elle a dans les yeux, comme dirait Dorat, quelque chose

Du voile de la nuit, du feu de ses étoiles.

La bonne grâce de cette *Jolie fille de Perth* était un condiment de plus, un grain de sel esthétique ajouté à la plantureuse cuisine de Mme Pelloux. Comme, en général, j'ai le malheur de dire carrément ma pensée, je ne cacherai point à la digne et susceptible Mme Pelloux, que son établissement est, comme chambres, tout au plus une auberge de deuxième ordre, mais comme cuisine, un hôtel de premier. Je n'ai nulle part mangé ni bu aussi bien dans le Dauphiné, fût-ce même à Grenoble. La *Côte-Rôtie* de Mme Pelloux et son *Tallard* qui enfonce tous les crus possibles de Claix et du Touvet, sont des breuvages dont le souvenir restera figé sur mon palais, alors même que la dernière bribe de bouquet s'en sera évaporée.

Quelle belle gerbe de sensations variées accompagne le voyageur qui quitte La Mure ! Le château de Beaumont ; plus loin, en arrière, le pays de Beaumont qui vous envoie ses bouffées de céréales et de fruits ; ce Mont Simon, cône verdoyant, la colline des *Quatre-Seigneurs* de La Mure, avec ses *rippes* si bien organisées par les paysans ; la mémoire des luttes religieuses, la Ligue, Lesdiguières et Mayenne, les horreurs d'un siège héroïque, la *Cotte-Rouge* grimpant le mamelon où elle perd un bras pour gagner encore plus de courage et de rage ! Plus loin, le Valbonnais et ses grandeurs qu'on entrevoit ; les grâces du pays de La Motte ; les curieuses et nombreuses exploitations d'anthracite, à Notre-Dame-de-Vaulx et à Pierre-Châtel ; enfin l'enfilade classique des quatre lacs de Laffrey !

Ici, soudain, le souvenir du retour de l'île d'Elbe, et le rôle qu'y joua à Laffrey certain lieutenant devenu maréchal sous le second Empire, s'empare de moi comme un vertige. Piquée de je ne sais quelle tarentule, mon imaginative monte en croupe derrière le jeune officier épeuré et compromis ; elle épouse l'effarement du cavalier ; un galop foudroyant l'emporte le long de l'ancien chemin de Laffrey à Vizille, et de là, à travers le val de Vaulnaveys, à Uriage.

II. — Belledonne.

Vendredi 27 août.

Départ d'Uriage pour la cascade de l'Oursière, à 11 heures du matin, avec les guides Joseph Sciat et Rémy Favier.

Prenez, — et n'oubliez pas de le prendre, — un âne, ami lecteur, emmagasinez de la force, enroulez du fil autour de vos bobines respiratoires ; vous en aurez de reste à retordre demain ! Hélas ! vous ne retrouverez plus, un peu au-dessus du hameau *des Bonnets*, l'orgueil de ce pays, le magnifique châtaignier contemporain des deux sapins géants de la forêt de la Chartreuse ! Est-ce la main de la foudre ou celle d'un polisson du village qui y a mis le feu ? J'inclinerais, — vu ma sympathie pour « la noble multitude, » — vers cette dernière version, qui est, au reste, *l'on dit* des villageois. Bientôt aussi le chalet de l'*Oursière* aura le sort du châtaignier, le garde forestier du *Marais* veut, dit-on, le faire abattre. Je proteste contre cet acte de barbarie : l'*Oursière* est un refuge précieux contre la pluie et l'orage et, quant au *Marais*, si personne n'y va, tout le monde a raison. [1]

Quand on s'est lesté au chalet de l'Oursière, il faut trois petites heures pour monter aux chalets de la Pra. Nous quittons la cascade vers quatre heures et demie : je diviserai, pour la clarté, cette partie de l'ascension en trois stades :

I. On suit le sentier qui conduit à Champrousse par le lac Robert, jusqu'à la plateforme qui domine la cascade. Nous y arrivons à cinq heures.

II. Devant nous, cirque de montagnes, auquel le jour bas et nuageux ôte beaucoup de son intérêt. Laissant à droite le chemin du lac

---

[1] En chercher la raison dans le tarif peu officiel, mais surélevé de l'habitant-débitant,

Robert, nous traversons obliquement, en forçant beaucoup sur la gauche, une prairie terminée par de misérables cahutes, pour franchir une dépression du cirque mentionné et qui s'appelle *Col de la Pra*. Deux petites combes rocheuses se présentent : nous adoptons celle de droite, et nous atteignons, vers six heures, la bifurcation du chemin de *Revel à Belledonne*. En contre-bas, à gauche, jolie vue sur une partie de la vallée et les *lacs Crozet et Merlat* : mais ce sont choses qu'il faut voir le jour ou le matin ; le soleil est trop masqué. Que diriez-vous d'une galerie de tableaux que vous seriez condamné à regarder, les fenêtres aux trois quarts fermées ?

III. Les mamelons gazonnés, de plus en plus raides, se multiplient jusqu'aux fameux chalets de *la Pra*, loués par la commune de Revel à des pâtres arlésiens, à raison de 2,500 francs par an (environ 1 fr. par tête de bétail).

Nous débouclons nos sacs et nos guêtres à sept heures et demie. Un dernier rayon de soleil, d'un pourpre oranger, éclaire ce poétique réduit qui a nom *Chalet de la Pra*.

Malheureusement, ce poëme attend encore son poëte. O Emile Zola ! Homère du ruisseau, Shakespeare de l'égoût, Balzac des bassesses citadines, de la crapule des prolétaires, des dévergondages psychologiques, des purulences charnelles ! Que n'étais-tu là ! que n'étais-tu, — pour employer un de tes vocables les plus mitigés, — *fourré* dans ma peau ! Que je t'envie, ô favori des Muses nouvelles, nourrisson de l'Apollon réaliste, habitué du Parnasse populaire, que je t'envie et ces pinceaux capables de rendre l'indescriptible, et ces ébauchoirs susceptibles de dégrossir l'informe absolu, — car tu es peintre et sculpteur ! Comme ton génie de crudité, ce génie qui ne recule devant rien, ose tout, formule tout, se serait senti à l'aise ici ! Aurais-tu cherché avec conscience dans ton dictionnaire sans rival un terme nouveau pour cette cahute, bouge dégoûtant, bas, enfumé, car *tanière* est infiniment trop grandiose, et *chenil* serait beaucoup trop gracieux ! Aurais-tu sculpté avec bonheur cette porte vermoulue, fendue, gauche, ce loquet qui ne ferme jamais ! Aurais-tu détaillé avec volupté cette écuelle fêlée qui est successivement pot à eau, cuvette, soupière, assiette à soupe; cette cuiller de fer qui passe par toutes les bouches (comme le fameux morceau de sucre dans les débits moscovites); cette absence de verre qui nous force de recourir à la paume de notre main ! Aurais-tu rugi en face de ces trois verres de cristal que le civilisé Sciat a osé apporter sur ces hauteurs, dont, selon toi, ils compromettent et profanent la sauvagerie crasse ! Et surtout avec quel amour te serais-tu appesanti, sur cette chambre à coucher que n'éclaire même point le soupirail d'une cave ; sur cette échelle, qui, au lieu de vous jeter dans le lit, vous écrase l'occiput contre le toit ; sur cette couchette à quatre de front, où vous vous reposez moelleusement, entre les « sangsues infusoires », comme tu les dénommes, qui vous harcèlent toutes les cinq minutes, et les aboiements d'un chien de garde zélé qui vous fait tressauter tous les quarts d'heure ! Et ces deux bancs boiteux, que Baucis eut rougi d'offrir à Jupiter :

> Beaucis en égala les appuis chancelants
> Du débris d'un vieux vase, autre injure des ans,

en aurais-tu fait voir avec complaisance le cachet et l'utilité ! Te serais-tu extasié devant ce trait de génie de l'hospitalité qui supprime carrément chaise et table, pour le plus grand confort et la plus agréable surprise des voyageurs surmenés ! Par exemple, ô Grand Pontife du Réalisme contemporain, tu n'aurais pas oublié de *brosser* l'animé à côté de l'inanimé : il y a là-haut deux pâtres, qui n'ont de commun que les besoins du commerce, car ils se ressemblent beaucoup moins que gendarmerie et intelligence. L'un est grand, bien râblé ; la fente admirable des yeux, la netteté des sourcils, la ligne fière du nez aquilin, chassent la pénible impression de la crasse et révèlent le noble type romain qui doit foisonner en Provence ; l'autre est petit, étroit ; un nez en l'air, une physionomie toute en sournoiserie. Bien sûr, Zola, c'est le second que ta palette aurait choisi, car, c'est entendu, le beau n'est plus de mode ; et tu n'aurais choisi que lui, car ton art ne veut pas vivre de contrastes ! — Hélas ! et j'ai vu tout cela, et j'en ai joui, et tu n'étais pas là ! Pends-toi, Crillon ! Si jamais ces lignes te tombent sous les yeux, fais ta malle, viens, vois, peins, triomphe, et intitule ton tableau :

Un magasin de puces au pied de Belledonne!

Quelle est la philosophie de tout ceci, ami lecteur? L'éreintement de l'ascension de Belledonne? — Je réponds en vous disant que j'ouvre une souscription pour la construction d'un chalet à côté de la bicoque infecte où j'ai couché à la Pra, et que je m'inscris à la tête des souscripteurs : qui m'aime me suive! Et je suis modeste; je ne demande pas un chalet, approchant même de très loin de ceux que les capitaux anglais sèment en Suisse, même à 2,000 et 2,400 mètres de hauteur; je réclame simplement un gîte propre, où il y ait de vraies chaises, une vraie table, de vrais lits, de vraies cuvettes et quelques couverts, sinon en ruolz, au moins en nickel. Que ce soit, si vous voulez, la seconde édition de l'installation de la cabane Chavot, aux Sept-Laux, votre œuvre, mon cher monsieur Drevet, créateur banni et méconnu; que les ascensionnistes éreintés aient sérieusement de quoi reprendre haleine pour les fatigues du lendemain! Faisons cela et vous verrez les dames même monter avec plaisir à la Croix; et ces ascensions, au lieu de se conter par 10 ou 15, se chiffreront par 100 annuellement. *Champrousse* sera ainsi non détrôné, il ne saurait l'être, mais complété par son superbe voisin, et tout le monde y gagnera.

Samedi 28 août.

Départ à cinq heures vingt minutes.

A travers éboulis et rocailles, nous atteignons en une petite heure (six heures un quart) la roche qui opère le partage des eaux du Doménon en deux courants : celui qui descend sur le lac Crozet, celui qui nourrit la *Cascade de l'Oursière.*

Nous pénétrons au fond de la gorge. Elle aboutit à une falaise fort escarpée que nous escaladons. Au sommet de cette escalade commence le vallon des deux *lacs Doménon.* Il est sept heures.

Nature sombre, sévère, d'une monotonie imposante ; paysage morne, mais non mort. Si nous étions gratifiés d'une chaude aurore estivale, au lieu de traverser une nébuleuse matinée d'automne, le préambule annoncerait évidemment mieux le spectacle.

Quoique le temps nous presse, arrêtons-nous dix minutes devant les lacs Doménon, et extasions-nous, surtout devant le premier des deux. Je ne dirai qu'un mot : si le Vignemale n'écrasait pas de sa poétique beauté la Grande Lance, je préfèrerais le lac Doménon au lac de Gaube, une des merveilles de Cauterets. Pas une ride sur cette eau qui se meut, se déplace, et affecte, par moments, l'immobilité de la glace : nappe étrange, sinistre et séduisante, austère et virginale. Le soleil même craint de la troubler en la traversant de ses flèches ; il semble respecter cette coloration originale, broyée dans l'onyx et la jaspe. Fermez les yeux quelques instants; et, avec ces allongements verdâtres de l'herbe accrochée à la berge, avec ces plaques de neige immaculée dont nul miroir humain ne saurait recomposer l'incomparable reflet, avec cette géologie taciturne à vous faire frissonner, vous recomposerez par l'imagination un palais d'émeraude, serti dans des lambris d'ivoire, gardé par d'énormes lézards antédiluviens, d'incommensurables sauriens blêmes engourdis, et abandonné des fées, des gnômes, des lutins qui le hantaient. — Ah! Doménon, tout seul, tu as de quoi captiver, tu as le droit de déranger et de fatiguer les adorateurs de la grande nature!

Le temps, excellent pour la marche, continue à être nuageux. Lutte entre le vent du nord et le vent du midi. En somme, nous n'aurons pas assez de soleil. mais point du tout d'orage.

Nous suivons un sentier de biques qui longe la base de la *Grande Lance*, à gauche du Grand Doménon : en face de nous se dressent, un peu indécises, les *Voudènes*. Arrivée au *Petit Doménon:* sept heures et demie.

Traversée d'un clapier assez vaste en forçant sur la gauche : puis détour sur la droite. Arrivée au glacier. On peut, soit l'attaquer directement, à pied d'œuvre, ou en éviter la pente la plus escarpée en gravissant un éboulis parallèle qui est lui-même pénible. C'est ce dernier parti que, conformément à l'usage, suivent Favier et Sciat. « Jamais nons n'avons vu aussi peu de neige à la montagne, ni les glaciers aussi haut, » s'écrient-ils tous deux à l'unisson. L'observation était vraie ; mais c'était en même temps le démenti le plus formel donné à la fable des « marches taillées avec la hache » dans le modeste glacier de Belledonne. Ce sont là racontars de guides prétentieux, tant soit peu *blagueurs*, et âpres au gain. La vérité, — j'en ai pour témoins des ascensionnistes prudents, savants, et sérieux, — la vérité est que, sur le support de la glace, la neige affecte une épaisseur assez considérable, pour que même les étés les plus chauds n'en fondent qu'une mince couche, et que la couche la plus forte reste permanente. Nous avons dépassé l'éboulis ; nous sommes au bout du glacier à huit heures et demie.

La Croix se voit très distinctement. Nous traversons le petit lac toujours gelé et couvert de neige dense. A neuf heures, nous sommes au sommet. En tout, trois heures quarante de montée, dont il faut défalquer une petite demi-heure pour les haltes.

J'embrasse la *Croix* deux fois avec ferveur, et je me signe en lui rendant grâces du fond du cœur : il y avait si longtemps que ce bonheur et cet honneur, je le convoitais, je l'ambitionnais ! La Croix a-t-elle voulu infliger à mes hésitations, à mon indécision une leçon en ne m'accordant qu'un magnifique aperçu des merveilles parmi lesquelles elle trône ? Est-ce une invitation à revenir, une manière de me remettre en appétit ? J'en accepte l'augure ! Eh bien ! dans cet auguste festin optique dont se repaissent les yeux fascinés, si tous les plats n'ont pas été servis, dégustons quelques morceaux choisis.

Au-dessous de nous, en suivant une verticale vertigineuse de mille mètres à pic, nos yeux sont dirigés sur le petit *lac de Belledonne*, ils y arrivent droits comme une pierre qui y tomberait. On distingue le paysage d'Oz. Les Drevet, eux, ont plongé un beau matin, il y a cinq ans, dans ce petit lac mignonnet; mais quand je songe au plongeon qu'on y décrirait d'ici, brrrrr ! quelle chair de poule ! !

Les *Grandes-Rousses* et l'*Etendard* s'élancent bien plus sveltes, bien plus dégagés que lorsque nous les avons vus du pied de la Cheminée du Diable, lors de notre course aux Sept-Laux.

Le *Taillefer* fait des efforts inouïs pour sortir des nues sa cuirasse granitique: il estompe ses contreforts.

La *Grande-Lance* montre son visage bête avec une clarté et une persistance agaçantes : quel insipide paravent !

Heureusement: le *Lac Blanc* et les *Glaciers de Freydane* nous dédommagent en dessous. Dieu! la gracieuse coupe d'opale, à côté de cette grande face d'albâtre, tourmentée de rides, sillonnée de crevasses qu'on prendrait pour d'effrayantes orbites d'yeux crevés !

Plus bas, la plaine du Graisivaudan, qui se laisse admirablement voir, transparait à travers une gaze de vapeurs ensoleillées et décomposées, comme diaprée d'un merveilleux arc-en-ciel terrestre.

Au nord, devant nous, à une distance apparente de 40 mètres, réelle de 350 au moins, le Grand Pic considère son frère cadet sans morgue, sans dédain, mais avec le sentiment de son incontestable supériorité et le rétrospectif orgueil du vieil athlète, longtemps indompté, et aujourd'hui, quoique rarement, terrassé à son tour.

C'est vrai que la chaine du Mont-Blanc nous manque ; c'est vrai que celle du Pelvoux nous fait faux bon ; c'est vrai que ceci... c'est vrai que cela... — Arrière, langue empoisonnée des détracteurs pas forts de jambes ! Montez donc à Belledonne, et vous vous jugerez trop heureux d'avoir eu et mon temps et mon panorama ! Tachez donc d'utiliser l'instantanéité d'une éclaircie, braquez intelligemment votre lorgnette dans une trouée de nuages, vous devinerez en entrevoyant, et vous saisirez ce que cette sensation de l'*entrevue* a de prodigieux au sommet de Belledonne.

Nous prenons le parti de descendre vers onze heures. J'abrège, car, à partir de une heure de l'après-midi, le ciel se couvrant de plus en plus, la seconde partie de mon ascension a beaucoup perdu de son intérêt.

Ceux qui, à la descente de Belledonne, prennent pour point de mire *Allemont*, ont trois voies pour y aboutir : par le col et le glacier de Belledonne, le lac et Coteyssard ; ou par la passe du Four et le col de Bàton ; ou par le col dit de la Fenêtre ou de la Portette, et les chalets des Chalanches. Sciat en indique une quatrième qu'il semble préférer, mais sur laquelle il ne fournit pas de renseignements bien précis : la descente par le Charnier. J'ai choisi, avec mes guides, la descente par le *Col de la Fenêtre*. C'est, parait-il, la moins pratiquée ; c'est de beaucoup la plus longue, car elle réclame cinq bonnes heures aux jambes exceptionnelles, et sept heures aux marcheurs lents ; mais c'est de beaucoup la moins pénible. Elle a aussi l'avantage, au chalet de la Balme, en face de celui des *Chalanches*, de présenter un très beau panorama sur les montagnes de l'Oisans et, de plus, de se terminer, à partir desdits chalets, par un excellent sentier, qui repose admirablement les pieds et qui, en trois petites heures, mène droit à Allemont. Ce sentier, qui s'appelle la *Traverse*, est coupé par deux hameaux la *Traverse* et le *Clos*. J'engage les touristes qui éprouvent le besoin de respirer et de boire de bonne eau, de s'arrêter *au Clos*, à la maison d'Etienne Favier, le frère aîné de Rémy. Mme Etienne est pleine d'intelligence et de complaisance, et ses fillettes jolies ressemblent à leur mère. Ceux qui veulent manger des truites de l'Eau d'Olle authentiques, déguster de bonnes framboises et être bien couchés au bout de dix-sept heures de marche, ne doivent pas descendre à *Allemont* ailleurs que chez la brave Mme Perratone [1].

---

[1] J'apprends que Mme Perratone est morte ; c'est bien dommage pour les touristes, car on était toujours sûr de trouver chez elle bon gîte et bonne cuisine. Qu'est devenue depuis son auberge ? Je ne saurais le dire.

Deux médailles de sérieux mérite à Rémy Favier et à Joseph Sciat. Celui-ci n'a point toutes les qualités de celui-là, tant s'en faut, et il est loin de posséder le répertoire d'ascensions hors ligne du virtuose Favier ; mais je le recommande néanmoins pour la course de la Croix de Belledonne.

XI

LE LAC PALADRU

Uriage, ce 27 septembre 1886.

Podagre et Pellagre ! Telles sont les deux aimables infirmités, les ennemies souvent tenaces et redoutables dont triomphent presque toujours les eaux d'Uriage. La seconde n'a rien d'incompatible avec l'ascensionnisme, sauf exception. Ayez l'épaule tapissée de boutons, le visage cramoisi comme le rhododendron des sommets, rien ne vous empêchera d'aller le cueillir tout à l'heure : quelques bains prolongés, un peu d'entrainement ; la recette suffit.

Mais le rhumatisme, ce terrible frère des affections cutanées, ce fils souvent invulnérable de papa herpétisme, est bien rébarbatif, je ne dis pas à la montée, mais à la gambade la plus modeste. Comment donc consoler ces intéressants goutteux ou rhumatisants? — Par la promenade en carrosse. — Mais il y en a si peu de telles à Uriage ! — C'est que vous ne vous donnez pas la peine de les chercher. — Comment faire? Descendez à Grenoble. Là, vous n'aurez que l'embarras du choix.

Exemple ? — Les exemples déborderaient ces pages. — Mais quoi ! quelque chose qui ne retombe pas dans l'ornière archi-classique de la Chartreuse ! — Du nouveau ? Allez à Chambéry par Saint-André-le-Gaz et revenez par le Graisivaudan, ou *vice versa*. Ou bien, montez à Parménie et redescendez à Rives. Ou bien, allez en wagon à Briançon par Gap et Veynes, et revenez en voiture par le Lautaret, la Grave, le Bourg-d'Oisans, — un petit tour des Alpes qui vaut une fameuse chandelle. — Mais, tenez, ménageons vos rhumatismes : par pitié pour votre sciatique, je ne vous mènerai aujourd'hui qu'à Paladru.

« Paladru ! Qu'est-ce que c'est que ça ? » me diront je ne sais combien de millions de Français parmi lesquels un rhumatisant quinteux et sceptique dont je me fais le cicerone.

Paladru ? Mais avant l'annexion, c'était le *second lac* de France : et il méritait ce nom. Aujourd'hui encore, quoique déclassé, il garde son prestige. — Comment, objecte avec une moue accentuée mon rhumatisant compagnon de route, il serait encore question d'un *étang* dauphinois après les *lacs* savoisiens et suisses, après le lac d'Annecy, après le Léman, après le Bodensee, après...

Attendez, et vous jugerez, vilain goutteux cacochyme. Patientez : vous jouirez. Surtout, pas de comparaison incongrue ; n'imitez pas ce Yankee-Prudhomme que je connus dans le temps à Aix-les-Bains et qui, en face de la cascatelle de Grésy, s'écriait avec une emphase hautaine et poétique : « Ça, c'est un crachat à côté de notre Niagara ! » Oubliez la température italienne, les encaissements verdoyants, les profondeurs perfides où Solms-Ratazzi baignait ses formes antiques, tandis que Sue, l'Hercule du roman socialiste et malsain, Ponsard, l'Alcide de l'alexandrin chevillard, filaient aux pieds de cette Omphale savoyarde! N'ayez garde surtout d'évoquer un parallèle avec le Bourget dont le charme intrinsèque a été éclipsé par l'honneur et la chance d'avoir inspiré la reine des élégies au chantre incomparable de l'épopée intime, l'auteur de Jocelyn? Bornez votre horizon, l'ami goutteux; confinez-vous dans le récit du passé de Paladru; ce passé est aussi terrible que le lac est tranquille aujourd'hui.

— Vraiment ? interroge mon compagnon intrigué, en ouvrant des yeux gros comme les vannes du lac Paladru là où il se dégorge dans la Fure. Nous passions là en ce moment.

— Mais oui. Ce passé a trois grands chapitres. Les deux premiers, tracés par la main de Dieu dans la Bible du préhistorique, sont séparés de nous par une crevasse effroyable où se sont engouffrées vingt, quarante, soixante décades de siècles. Tout ce vallon qu'arrose aujourd'hui une nappe frétillante, était alors congelé en un glacier qui partait de Charavines, peut-être d'Apprieu pour gagner Paladru, peut-être Montferrat. Les dieux de la Fable descendaient alors; Héphaïstos installait ses manœuvres dans une forge aussi vaste que Saint-Geoire; tout à l'entour de la glace, dix mille torches, élancées comme les flèches de la cathédrale de Voiron, flambaient et ondoyaient; Phœbé inondait d'une buée crépusculaire ces chevelures de fées sœurs, parfumées d'ambroisie; puis, à un signal de Zeus, les habitants de l'Olympe, chaussés d'or par Vulcain, s'abandonnaient, avec toute la fougue de leurs passions, aux évolutions du patinage mythologique. — Ce spectacle valait bien la défroque des gardes-pêche et des pêcheurs de 1886, hein, l'ami goutteux?

— Sacrebleu oui! Et le second chapitre?

— J'y arrive. L'homme est créé — ce singulier animal qui, après avoir chassé les dieux dont s'offusquait sa raison, voudrait parfois bannir le Dieu absolu dont il la tient! Avec l'homme, naissent les animaux et les végétaux dont les espèces ont disparu ou dégénéré, ou ne laissent plus de trace que dans le monde fossile et la houille. D'énormes lichens, des fougères pyramidales remplaçaient les noyers, les arbres fruitiers que vous voyez çà et là; une végétation folle masquait l'ichtyosaure, le plésiosaure, le mastodonte. Grands dépisteurs, grands traqueurs, grands dévoreurs de chair humaine, tous ces colosses aujourd'hui pétrifiés.

Pour leur échapper, l'homme n'avait qu'une ressource; ce fut de jeter des pilotis dans le lac, à un kilomètre au moins du rivage. Nous en avons retrouvé les restes ici, à la Neyre, aux Grands-Roseaux, de ces habitations lacustres qui ont éclairé d'un jour nouveau les problèmes ardus de la paléontologie. Ils sont à Grenoble. Paladru, le modeste Paladru vient ainsi en concurrence avec plusieurs lacs suisses, beaucoup plus étendus, et qui ont fourni des vestiges lacustres bien plus riches.

— Très curieux, en vérité, murmure l'ami podagre ; et le chapitre IIIe est-il aussi terrible que les deux précédents ?

— Beaucoup plus terrible; car, il ne s'agit pas ici de lutte entre les éléments primordiaux d'une nature qui se forme et se coordonne ; il n'est point question d'un combat acharné, sans tréve ni merci, livré aux quadrupèdes trop gourmands par le bipède humain qui veut sauver sa peau et sa race, usant du droit de légitime défense ; il s'agit, hélas ! d'hommes qui s'entre-tuent, de la plus néfaste et de la plus impie des guerres, la guerre entre chrétiens !

— Laquelle continuera même quand il n'y aura plus de chrétiens au monde, car la guerre est éternelle.

— Trop de philosophie, l'ami goutteux ! Ecoutez un peu. Le grand Frédéric Barberousse venait de fléchir son impérial genou devant le pape Alexandre III. Apprenant que Théroc, son fils naturel, voulait entrer dans les ordres, il approuva la fondation de Sylve Bénite à quelques pas d'ici, et dota cette nouvelle Chartreuse de domaines importants dont il dépouilla les Arsois. Là-dessus, les malheureux villageois paladrusques crient comme des écorchés ; ils appellent à leur aide Humbert, duc de Savoie, et Robert, archeveque de Vienne. La bulle du pape tonne ; les soldats de Barberousse se ruent sur Ars, le pillent, le brûlent. Les malheureuses épaves du sac et du feu recommençaient à faucher leurs prés, à croquer leurs noix, à vendre leurs poissons, quand un beau jour — un vilain jour devrai-je dire — la terre tremble, un gouffre énorme s'ouvre, Paladru précipite ses eaux furibondes contre le poudingue sur lequel s'élevait la bourgade, délite le sol en un clin d'œil, et les pauvres Arsois décimés disparaissent dans le gouffre de l'éternité.

O Saint-Bruno! pardonne mon irrévérencieuse apostrophe! Pourquoi avoir châtié, des verges inassouvies de ton courroux, une agglomération de villageois innocents comme Adam avant le péché? Ils ne pouvaient pourtant deviner, ces malheureux, que tes disciples inventeraient plus tard, entre tant de bonnes choses, ce souverain élixir, le consolateur des estomacs souffrants, l'accélérateur des digestions paresseuses! Ils auraient encore moins prévu que ta noble vie, en inspirant la palette pieuse d'Eustache Lesueur, ajouterait une si grande page à l'album de l'art français! Ils t'adoraient, toi et tes moines, ne t'en déplaise. Ils ne protestaient point contre leur domination. Non, ce contre quoi ils se cabraient, c'était le Nord; c'était le sabot de l'étalon tudesque; c'étaient les hordes germaines; ce qui les faisait bondir, c'était de voir l'étendard de Barberousse flotter sur leurs murailles! Ils ne voulaient pas relever de l'étranger; ils se sentaient Dauphinois quand même, et dans le Dauphinois du présent perçait déjà le Français de l'avenir! Et toi, dans ton empyrée, enveloppé dans cette extase séraphique qui t'empêche de comprendre les faiblesses humaines, tu frappes, tu incendies, tu anéantis comme l'Ange exterminateur ! Ces bons Arsois croyaient, naïvement, faire œuvre patriotique, œuvre pie ; — et tu les noies, comme le furent les riverains sacrilèges de Sodome et de Gomorrhe !

— Avec une grande différence pourtant, interrompt judicieusement mon rhumatisant cacochyme, que la vue persistante de Paladru a fini par dérider. Le Lac Asphaltite est triste, funèbre, sans poisson qui le peuple, sans riverains qui l'habitent ; c'est bien la mer Morte, vouée à la malédiction éternelle ; tandis que le Paladru est parfaitement vivant. Eau, gent poissonneuse, hommes, tout y frétille, y fourmille, y vit, Saint-Bruno a si bien pardonné qu'il a permis au nom de ressusciter. Versars s'est bâti presque sur l'emplacement d'Ars. Le lac a fait peau neuve, c'est vrai ; on n'entendra plus les cloches de Sylve-Bénite, devenue une ruine comme la Chartreuse des Ecouges ; toute activité historique s'est oblitérée ; les descendants des fiers villageois qui guerroyaient contre les Impériaux si supérieurs en nombre, passent par les fourches caudines des propriétaires du lac ; nonobstant tout cela, toute cette dégénérescence roturière s'oublie, car la nature est là.

Mais la nature est là qui t'invite et qui t'aime ;
Plonge-toi dans son sein qu'elle t'ouvre toujours ;
Quand tout change pour toi, la nature est la même,
Et le même soleil se lève sur tes jours.

Je regarde ce petit Paladru, si mignon, si

gentil, qui se repose, avec une attitude si élégante, des tempêtes de son passé; je me laisse dire, ce qui m'ébahit, que les remous du milieu se dessinent au-dessus d'un fond qu'on n'est pas encore parvenu à sonder; l'illusion me gagne, et je crois voir une superbe pièce d'eau qui anime un jardin énorme, mamelonné et riant, de belles forêts, des hameaux gais.

— Bravo! l'ami goutteux. Vous avez senti et compris Paladru !

II

L'itinéraire du lac Paladru est très simple. A Grenoble, prenez un des premiers trains; arrêtez-vous à Voiron, la ville la plus industrieuse et la plus industrielle du Dauphiné avant Rives et après Grenoble. Le fer, le chanvre, le chiffon, le bombyx y alimentent 35 usines et plus de 4,000 ouvriers. Faites un tour le long du cours Sénozan, et admirez le portail, la rosace, les tours de l'Eglise de Saint-Bruno, du gothique pur du XIIIe siècle. De Voiron, on prend une voiture; on suit la route d'Apprieu et de Bourgoin jusqu'à huit kilomètres de là. On s'en détache alors pour s'enfoncer dans le vallon de la Fure; dépassant Bonpertuis et ses aciéries célèbres, on aperçoit au fond, à droite, les ruines, encore intéressantes, de la tour pentagonale de Clermont, berceau de la fameuse famille de ce nom; on touche à Charavines, et longeant la rive gauche pendant cinq kilomètres, on atteint Paladru.

Si vous tenez à être mal reçu, à vous heurter contre une hôtelière rechignée, s'il vous plait de ne connaître ni le chemin le plus praticable pour aller au lac, ni les cabines pour s'y baigner ; s'il vous semble piquant de ne vous mettre sous la dent ni tanche, ni carpe, ni ombre-chevalier, le roi de Paladru, ni aucun de ces poissons que le lac verse par tonneaux quotidiens sur le marché grenoblois, ayez soin de vous adresser à l'auberge la plus rapprochée du lac, à Paladru. Bien avisé seriez-vous de descendre à Charavines, chez Martin ; ou à Coletière, qui pour bains et promenades, est l'endroit officiel du lac.

De Paladru, on quitte le lac. A Montferrat, rien à faire qu'à avaler sa langue, à moins qu'on ne s'arrête, pour s'y rafraichir, chez Madame Rajon, l'aubergiste opulente de la localité, qui vous contera des histoires amusantes. On fera bien de consacrer une demi-heure de halte à l'église de Saint-Geoire. Façade mutilée depuis les guerres de religion, comme l'intérieur, mais non sans intérêt. Au-dessus du portail, tête de prélat curieusement suspendue. Dans le chœur, stalles qui méritent d'être vues une à une et sur le dos desquelles une échoppe savante a sculpté des têtes qui, il me semble, doivent perpétuer le nom des grands personnages des environs, peut-être des bienfaiteurs de l'église. Ces profils sont très caractéristiques. Il y a là une intention possible de satire, comme le prétend

M. Félix Crozet, dans sa savante monographie des cantons de l'Isère; mais il y a encore davantage une ressemblance voulue.

De Saint-Geoire, on passe par le vallon marécageux de Chirens, où l'on ronfle, car il fait nuit et l'on a abattu 100 kilomètres dans sa journée. De retour à Voiron, on reprend le train du soir pour Grenoble, où l'on couche. Le lendemain, on fera bien, avant de retourner à Uriage, de visiter la crypte de Saint-Laurent, puis la cathédrale. Les colonnettes en Paros et en Echaillon, la double abside de la première attireront l'archéologue; le magnifique *ciborium* en pierre fine et dure, de la seconde, émerveillera l'artiste. Il remonte au XVe siècle et fut élevé par un Alleman, évêque de Grenoble.

Cela vous a-t-il mis en goût, ami lecteur? Si oui, courez à Paladru. Cela vous fera autant de plaisir qu'à moi, qui en reviens.

XII

A Louis-Xavier DREVET

A Louis-Xavier Drevet

Sonnet

Sublimes sont vos pics, béants leurs précipices ;
Féroce est le glacier qui lance avec fracas
Sur hameaux et chalets et ruines et trépas,
Et broie, insecte humain, ton orgueil et tes vices !

Bien humbles sont nos champs, nos steppes sont bien [lisses ;
Et pourtant l'œil errant sur ces prés mous et gras
Sent le penser rêveur l'envahir pas à pas,
Et le bercer d'un flot d'endormantes délices !

Xavier le montagnard, — Alexandre le doux :
Quel contraste criard : un Danube, — un Pelvoux !
L'un trônant dans l'éther et l'autre dans la plaine !

Laissez donc faire Dieu dont le creuset fondra
Le nerf du Dauphinois, la caresse Roumaine,
Et ce qui fut talent, génie en jaillira !

Combinaison physiologico-psychologique
rêvée à la Pinote (1), refondue à Amsterdam.

Uriage et Amsterdam, septembre-novembre 1886.

(1) La Pinote est une pittoresque maison de campagne dont la terrasse offre un incomparable point de vue sur Grenoble et sur les Alpes et où mes amis du *Dauphiné* sont toujours heureux d'offrir à leurs amis une hospitalité de plein cœur.

XIII

LE GRANIER

Uriage, 11 juillet 1887.

> Qui que tu sois, grimpeur du Mont Granier,
> Pas de fanfaronnade ! Œil bon, pied sûr, cœur brave ;
> Sinon, adieu vendange ! Et raisin et panier,
> Dévale en un clin d'œil du grenier à la cave.

On ne dirait pourtant pas ça, n'est-ce pas, quand, traversant la route qui mène de Grenoble à Gières, on reluque de loin cette montagne, moitié Iserane, moitié Savoyarde, qui braque un œil sur Pontcharra, l'autre sur Chambéry ! Ça n'a l'air de rien, 1950 mètres de haut ! quelques toises de plus que la Roche-Béranger ! L'allure en paraît si modeste ! les flancs en sont si garnis ! cette falaise, encore plus raide par un côté (celui du fameux éboulement dont nous parlerons plus tard) que le Mont-Aiguille, semble tendre avec tant de bonhomie sa joue au voyageur, et lui dire : « Allons, vite un baiser ! *C'est pas* si difficile ! » — C'est pas si difficile ? Ouais ? Allez-y voir ! Et pour ce, mettez à exécution le petit programme subséquent.

I

Partez, comme votre serviteur, le 30 juin, à 6 heures du matin, de Chapareillan. Lâchez le chemin de *La Palud*, qui vous *rallonge*; préférez le chemin pierreux, mais très ombragé qui vous mène, en une bonne heure, à *Belle-Combette*. Prenez, reprenez, encaissez du souffle tant et plus; la provision ne vous sera pas superflue tout à l'heure. Ne vous félicitez pas des feuilles mortes, des branches sèches que vous foulez : vos pieds les désapprendront assez tôt, ces bons tapis dont les Eaux et Forêts proscrivent sous peine sévère l'enlèvement, afin de laisser s'accumuler les couches de terreau végétal. Arrêtez-vous, au bout de deux bonnes heures, à un petit belvédère, d'où l'on vous annonce un panorama restreint et joli, et en outre une petite source qui est infiniment plus que maigre, puisqu'elle n'est pas : autant d'eau que de verve dans le traité de géologie de M. Lory ! Ou que de propreté dans un roman de M. Zola ! Cheminez désormais, deux à trois heures encore, à travers sapins et hêtres ; surchauffez la machine, car vous êtes entré dans la zone des à-pics intenses, des raideurs impitoyables ; bondez votre chaudière, entretenez-bien le va-et-vient de votre piston pulmonaire, car les zigzags innombrables que vous décrivez à mesure que vous vous rapprochez du sommet, s'ils n'ont pas la méchanceté de la pierre qui fuit sous le talon en vous décochant l'entorse, ont la perfidie du chemin qu'ils vous montrent censément et que l'on n'emboite pas !

On est parti à six heures; à compter de neuf heures : plus de sentiers ! On se hisse, sur des escaliers perceptibles seulement par le fait de la montée obligatoire : les mottes de terre servent de marches, les arbres de rampes. Enfin, au bout de cinq heures de montée lente dont la trace se perdrait toutes les cinq minutes, sans un guide expérimenté, on atteint, par un sentier aussi court, heureusement, que vertigineux, une petite gorge verte et parsemée d'assez nombreux sapins. On est éreinté, exténué de soif, on court à la seconde fontaine annoncée : quelle réconfortante surprise ! un malheureux coffre en bois, servant de récipient, recueille, goutte par goutte, le tribut qui aura besoin de deux grandes heures pour remplir un litre ! — On souffle une petite heure : impossible d'avaler : gosier trop sec. Le vin arrose, mais sans désaltérer. L'appétit dort. La petite cahute vermoulue à côté de laquelle nous respirons, a été résolument délaissée par la gent pastorale et bêlante qui mange la neige, mais pressent la mort dans la sécheresse. — « Allons ! s'écrie le guide, c'est que nous ne sommes pas au bout de nos peines ! le plus rude est devant nous ! Il faut que nous arrivions à la Pyramide ! A quoi bon ? Le temps est superbe comme température ; mais les sommets sont empanachés, neiges et rochers. Contentez-vous d'admirer là, sous nous, les petits lacs de Myans, qui réflètent dans leurs eaux une si épouvantable histoire ! Voyez comme Graisivaudan et Savoie, ces deux grâces alpestres, sourient aux rayons qui les inondent ! Entrevoyez cette percée majestueuse des montagnes de la Maurienne dont le Mont-Blanc clôt la perspective : les

Beauges, la Tournette, le Fret, le Mont Joigny. Contemplez là-bas, au fond, le sémillant lac de Sainte-Hélène, digne du nom qu'il porte ! Admirez surtout ce vaste hémicycle de pierres crevassées parsemé de rhododendrons qui vous laisse, encore une dernière fois, voir le grandiose jardin arrosé par l'Isère ! Mais cet hémicycle de pierres que nous allons biaiser, ne plaisantez pas avec, je vous prie. L'enfer est pavé de bonnes intentions, — possible, le Mont Granier, pas. »

Rien de plus sensé que ces conseils d'un guide qui a fait trois ou quatre cents fois l'ascension du Granier. M. Adolphe Joanne, taxe ces crevasses de « dangereuses, et, le cas échéant, de mortelles. » Nous les sautons, les tournons le plus souvent ; nous poussons, vers la crête, sur la gauche ; nous dépassons celle-ci ; des précipices épouvantables vous rivent les yeux sur un misérable sentier large à peine comme nos pieds joints ; nous laissons filer devant nous le pas de biques qui aboutit aux crampons de fer des douaniers savoyards ; nous franchissons un petit éboulis où il faudrait éviter de faire sa digestion ou de fumer son cigare ; nous rasons le roc, dont la cime recèle toujours quelque périlleuse surprise ; enfin, combinant le quasi plat-ventre de la montée avec le plat-dos de la descente, nous atteignons le gazon. Ce sont là prouesses natatoires ; effectivement, nous nageons... dans nos chemises de laine. Mes cheveux sont roseaux mouillés ; mes rebords de chapeau, gouttières.

Nous apercevions tantôt du haut de la crête, nous revoyons, en ce moment, très distinctement, au bout de la vallée, à droite, le *Col du Frêne* : la route qui y passe y reluit comme un ruban d'argent sur un tapis de soie émeraude. Là *doit* nous attendre le moëlleux landau commandé, le matin, par télégraphe, de Chapareillan à Chambéry ; mais nous comptions sans notre hôte. Il y a, de par le monde, un loueur de voitures, — (Mieulin de Chambéry est son nom), — qui entend d'une façon toute spéciale les règles de la syntaxe voiturière. Il reçoit un télégramme, il vous expédie son cocher à l'heure dite ; oui, mais en cas de retard du client descendu de la montagne, il donne carte blanche à son automédon de s'en retourner à vide au cas où « cela l'embêterait trop de croquer le marmot, » comme écrirait l'auteur de *Germinal*. Le client peut être éreinté, indisposé : qu'importe ! Un point de côté : plaisanterie : Un tibia luxé : fadaises ! Le cocher est venu, non pour attendre quand même, jusqu'à la nuit, le voyageur qui compte de droit sur lui, mais pour faire acte de présence accompagné d'un tour sur la montagne moins jolie que celui qu'il joue à l'ascensioniste désappointé. — Telle est l'éventualité dont s'avise mon très judicieux guide. « Descendons au hameau de la Plagne, de là à Eperney : ici, nous trouverons toujours moyen de décrocher le collier d'un bidet quelconque. » Ainsi nous faisons. Nous obliquons fortement sur la gauche par des sentiers redevenus très humains ; nous buvons, aux granges de la Plagne, une eau exquise, descendue du Granier, mais qui en préfère les pieds à la tête, car elle ne jaillit qu'en bas ; à Eperney, des renseignements positifs nous apprennent que chevaux et conducteur avaient à l'unisson voté contre l'expectative ; enfin, au bout d'une heure de négociations, un mulet très vigoureux trainant une charrette à cahots plus robustes encore, nous mène à Chambéry. Nous frappons à la porte de l'excellent *Hôtel des Princes* à deux heures du matin. Trajet rude, mais clair de lune bien doux. Route superbe comme œuvre d'art. Quant à la perspective, elle est d'une beauté incontestée, puisqu'elle rivalise avec celle du sommet du Granier ; mais « celui qui prête ses rayons à la lune » fait en ce moment comme le cocher de Chambéry.

II

Ce squelette de ma course, vous le prendrez peut-être pour une anatomie pessimiste et négative, ami lecteur ? Rien, cependant, n'est plus loin de la pensée et des convictions de celui qui signe ces lignes, et qui, mes amis du *Dauphiné* ne l'ignorent point, est un amateur passionné de la montagne. J'ai voulu dire purement et bonnement, ceci : A Chamonix, on peut, depuis quelque temps, accéder par un sentier large, bien entretenu, parfait, au sommet du Brévent (2525 mètres) ! A Zermatt, un sentier admirable de deux mètres mène jusqu'au sommet du Gœrnergrat (3100 mètres)! Au Faulhorn (2800 mètres), même chose. Je multiplierais les exemples par dizaines. Eh bien, dotez donc le Granier, *rien que* d'un chemin pareil à celui de Prémol à Roche-Béranger, pour la montée; élargissez celui du col de Balme-Colon pour la descente ; installez donc dans la petite gorge sapinière du sommet une buvette primitive comme à l'Oursière; captez mieux l'eau qui est si bonne. Allons, Chapareillannais, *sursùm corda* ! Un bon mouvement ! Et, le Granier, au lieu d'être gravi trente fois par an, le sera trois cents fois, par des voyageurs ravis d'être récompensés de leur peine et de dépenser leurs écus. Oubliez-vous donc qu'avec quelques mises de fond de vos porte-monnaies, votre sentinelle ne demande pas mieux que de devenir le Grenier d'abondance de vos coffres-forts, ô trop insouciants Chapareillannais ?

Gangue qui n'a besoin que de quelques coups de pioche et de sape pour révéler des pierreries sinon exceptionnelles, au moins précieuses. Des attraits divers s'y côtoient et s'y fondent sans se nuire.

Il y a la poésie bourgeoise, douce, familiale, dans cette petite clairière du sommet. Je ferme les yeux, et à côté du chalet et de la source que je rêve, je multiplie des caravanes de touristes en famille; je vois des bandes folâtres de chérubins qui jappent, gambadent, se roulent, se relèvent, jouent au chat perché, se grisent d'air et de lumière, papillons de la vie qui n'en connaissent encore que les fleurs. Le chamois a depuis longtemps délaissé ces parages pour les cachettes inaccessibles du Pelvoux, de Belledonne, de l'Etendard et de Taillefer; mais, voici le lapin blanc qui déjoue les chiens par ses crochets raffinés et ses bonds audacieux; voilà fauvette et merle qui font rater son coup au braconnier enchanté par leurs cantilènes; voilà le souverain de ces lieux, le coq de bruyère, le plus virtuose des coups de fusil, qui laisse transparaître à travers les brindilles verticillées de l'épicea, son bec autoritaire, sa nuque noble, ses ergots fringants, son royal plumage noir strié de tons bleus et verts. Les échos redisent encore l'histoire de Bulbul, le coq-roi de cette gorge forestière, l'époux de Gaali, la poule au gloussement de miel, recherchée par plus de vingt-cinq prétendants à la ronde. Provoqués tous, telles étaient les exigences de la fiancée ambitieuse, en combat singulier, Bulbul les avait tous exterminés. Leurs dépouilles avaient été jetées au vent; mais de leurs plumes il avait su bâtir et arranger un nid de duvet, le lit de noces commémoratif de ses exploits. Bulbul régnait désormais sans partage sur le cœur de Gaali; il faisait abondante souche d'enfants beaux comme eux, lorsqu'un jour, revenu du Mont Pinay, bec et pattes chargés d'une ample provision d'airelles, il trouve sa reine en becquottage intime avec un merle superbe qui caressait à force, durant que six de ses frères chantaient à gosier que veux-tu. Pauvres petits symphonistes! En sept coups de bec féroces du mari offensé, orchestre et chefs, tout roule, pantelant, sur le sol ; mais, hélas ! aussi, voilà que, juste au moment où les remontrances conjugales vont commencer, une double détonation retentit, et le même coup de fusil confond, dans un même et dernier soupir, les âmes de Gaali et de Bulbul ! La légende germe d'elle-même de ces gazons frais, immaculés, où l'on ne contemple que rêve et n'entend que silence !

Mais à côté de la poésie familiale, le Granier vous réserve aussi les évocations guerrières et terribles ! Le *Lapiaz* est le dernier stade qu'il faut franchir pour atteindre le faîte ; c'est ce fameux cirque de pierres blanchâtres crevassées, qui achève d'effarer le touriste déjà suffisamment surmené. Emile Viallet, le Whymper Dauphinois, l'escaladeur du Grand Pic de Belledonne *avant les câbles*, le vainqueur du Goléon, des Fétoules, de l'Etret ; le gagnant de tant de paris désespérés contre l'inaccessible ; Viallet qui, à ses moments perdus, sait se montrer brillant parmi les vélocipédistes du bassin du Rhône; Viallet l'adorateur des colosses de la Pensée comme de ceux de la Nature, l'enthousiaste de Lamartine comme du Pelvoux ; Viallet, dont les hautes et vaillantes qualités de cœur ne sont dépassées que par une modestie furibonde, — a trouvé un joli mot pour peindre ce lapiaz : « C'est un glacier de pierres ! » Oui, rude grimpeur ; c'est cela, — et c'est beaucoup plus encore. Il y a des milliers d'années a eu lieu, ici, une lutte farouche, sanglante entre héros et dieux.

Ter sunt conati imponere Pelio Ossam,
Scilicet, atque Ossæ frondosum involvere Olympum!
Ter Pater extructos disjecit fulmine montes.

Une bande de Titans, ou de Centaures a recommencé ici l'assaut du ciel, comme en Thessalie ; ici, comme là, ils ont été refoulés par la foudre ; mais en Grèce, tout a disparu d'eux ; ici, au contraire, s'étale et s'étage un cirque majestueux de pierres tombales, chacune surmontée de rhododendron ou du sapin qui commémore leur écrasement et éternise leurs forfaits. C'est là, c'est dans cette nécropole horrifique de demi-dieux que réside la beauté sauvage du Granier ; c'est là que gît son originalité. Le panorama des pics, c'est le lieu commun ; on rencontre autant et beaucoup plus de par ailleurs ; tandis que ce champ de bataille devenu le champ de trépas des demi-dieux, c'est bien la marque caractéristique du Granier. Gouffre béant de la mort prêt à engloutir tant de fourmis humaines, je frissonne encore, rien que de t'évoquer.

Non content de faire rêver l'imagination, le Granier secoue la Muse de l'histoire par l'un de ses plus poignants souvenirs. Il y a 640 ans juste, en l'an de disgrâce et d'ire céleste 1248, le héros de notre ascension *fit une chute* et si effroyable qu'il ensevelit la petite ville de Saint-André en se cassant le nez dessus. De cet éboulement qui enterra cinq mille Savoyards d'un coup, résulta la formation de plusieurs petits lacs : les *Marches*, les *Pères*, le lac *Clair*, termes bénins que la tradition, serrant le vrai de plus près, a décoré d'un nom de baptême parlant : *Les Abîmes de Myans*. Ce sont de ces souvenirs que le temps n'efface pas. Notre dôme de Myans est toujours là ; la Vierge attire toujours nombre de pèlerins, et moi-même me rangerai parmi eux l'an prochain ; mais si la bonne Sainte-Vierge se fâchait quelque jour, si elle faisait signe aux lambeaux de roche à peine adhérents qui semblent se pencher chaque jour davantage pour écouter un ordre du ciel? Brrrr ! Chapareillannais, mes amis, je vous aime bien. Vous êtes de braves gens ; vous avez bonne table et bon vin ; mais ne me demandez ni de louer ni de bâtir, ni de planter chez vous. Et même voulez-vous me permettre un conseil ? croyez-moi, déménagez !

Quelle allègre et amusante descente vous procurerait le sentier qui prend au pied de la falaise et de la grotte de Balme-Colon ; entre ces deux rideaux de noisetiers et de charmille fraîche ! Comme on humerait avec délices cette senteur de feuilles, comme on se laisserait aller avec bonheur à l'illusion d'une glissade de vingt minutes le long de la neige ! Que faudrait-il pour cela ? Rien qu'enlever une cinquantaine de ces grosses pierres contre lesquelles on bute à chaque minute, et les remplacer par de bonnes, de gentillettes pierrettes roulantes, où l'on enfonce *quasiment* comme dans de la feuille morte ! Chapareillannais ! A la besogne! Ça ne vous coûtera pas cher !

III

Si l'ascension a été pénible et désagréable, la montagne, avec les correctifs suggérés, peut devenir belle et attrayante. C'est une athlétique campagnarde, recélant des charmes, mais qui attend qu'on la débarbouille et qu'on l'attife. — Nonobstant cela, la campagnarde cèdera le pas aux campagnards : hommes et bêtes, aujourd'hui du moins, ont battu la montagne.

M. Adolphe Joanne, — dont les guides restent des chefs-d'œuvre, malgré leurs erreurs, — n'a probablement jamais fait l'ascension du Granier ; sans cela, au lieu de renvoyer le touriste aux guides anonymes de *La Palud*, il eût signalé André Rolland, de Chapareillan. Rolland est pour le Granier, ce que le bon vieux Pierre Mury est pour Chanrousse, ce que Favier est ou a été pour le Grand Pic de Belledonne. Le guide, chez lui, est doublé d'un chasseur, ce qui est le *nec plus ultrà*. Il a l'abord sympathique, les manières distinguées d'un *caballero* de village. Avec ses soixante-neuf ans, bien des quinquagénaires de ma connaissance lui envieraient son port droit, son haleine longue et soutenue, ses jambes de fer. Rien de plus intéressant que de l'entendre parler agriculture, déplorer la ruine du cru de Montmélian par le phylloxéra, maudire le mildiou, détailler la culture chapareillannaise par vigne basse et vigne en treillage, tempêter avec la force du bon sens contre l'excessive instruction donnée au paysan. « Quoi ! la charrue troquée contre l'emploi, la blouse, contre la redingote ; le paysan mourant d'envie de devenir fonctionnaire ; l'absentéisme ; les habitudes malsaines du séjour des villes ; et, au bout de tout cela, la terre qui chôme et baisse de prix, la ville qui gaspille les économies, le village qui perd ses habitants, le sol qui perd son capital ! » Rien de plus amusant aussi que les récits cynégétiques de Rolland ; au rebours de bien de ses confrères, il relate, il conte, mais il *n'en* conte pas. A quoi bon, inventer quand on possède un répertoire aussi vaste de coups de fusil authentiques ? Cela irait bien mal à cette figure moulée par la sobriété et la douceur, par le sang-froid et la prudence, et même par une certaine distinction native. Oui, *distinction* ; car, j'ai connu, et j'ai fait jaser bien des guides, depuis vingt-trois ans que je voue une partie de mes étés à la montagne : — jamais, au grandissime jamais, je n'ai entendu parler le français comme par lui. J'étais tout oreilles pour l'entendre, et j'ai quelque peu le droit de me montrer difficile. « Ce seigle, ça vient comme la pensée ; » — « Ces cerises, ça rougit comme les joues d'une pucelle amoureuse ; » — « Cette source, c'est un triomphe, si abondamment elle coule, » — telles sont quelques-unes des trouvailles que j'ai notées. Le soir de la descente, racontant aux Eperneysiens ébahis sa déconfiture de là-haut en face de la source tarie : « J'ai été rudement *mouché* ce matin, » s'écriait-il. Et tout cela, sans recherche, ni effort. Né dans des conditions autres, pourvu d'une instruction en rapport avec ses facultés, Rolland devenait un conteur d'ascensions et de chasse étincelant !

Ce grand acteur du Granier, qui en connait à fond coulisses, couloirs, coulées, couleuvres, sans compter les coups de son infaillible couleuvrine, — a des comparses pas trop indignes de lui. Citons le docteur Lebraux, qui avec ses gros yeux bienveillants, sa barbe opulente, son verbe haut, son rire tonnant, vous laisse une impression de jovialité chronique ; — puis, la pauvre veuve Puissant, impuissante à vous défrayer du logement et de la table, mais excellant à vous en indiquer à côté de son café ; — puis le brave Monsieur Leroy, l'hôtelier, tout fier de déboucher une bouteille de réserve de son Montmélian 70, épave du naufrage qui a phylloxéré le second crû de Savoie (le premier, c'est le Saint-Jean de la Porte) ; — puis, Madame Leroy, hôtelière aussi poétique que complaisante. Si, par hasard, il vous prend envie, ami touriste,

Ad salices fugere, ac.....

Mais passons, on trouverait l'épisode trop classique et on n'a qu'à en chercher la glose dans *La Terre* de M. Zola. — Pour le bouquet j'engage tous les touristes qui passeront par Entremont-le-Vieux, dit Eperney, à quatre kilomètres de Saint-Pierre d'Entremont à s'arrêter à l'auberge de M. Perret. Ils rencontreront dans Mme Perret, l'hôtelière la plus jolie, la plus avenante, la plus complaisante que l'on puisse souhaiter. Sans sa peine et ses démarches, je ne serais jamais parvenu à atteindre Chambéry la nuit qui a suivi mon ascension.

C'est par elle que j'ai pu mettre la main sur Boudouille ! Oui, Boudouille! ne riez pas, et inclinez-vous lecteur narquois ! Boudouille le mulet-type, le mulet digne de figurer en un concours régional et d'y remporter le premier prix ! Boudouille, la bête prodigieuse qui dans la journée même avait traîné dix quintaux de farine à Chambéry, en était revenue à six heures, puis, rattelée, sur les neuf heures, à une charrette bondée par quatre hommes, reprenait la route de Chambéry avec le même trot, modéré, uniforme, jamais ralenti, toujours philosophe ! Figui, le chien de chasse de Rolland, a, lui aussi, gagné noblement son sommeil. Pendant que j'arrivais à bout de mes trente-huit à quarante kilomètres, Figui en abattait quatre-vingts. C'est qu'il a fait avec nous la montée et la descente du Granier : c'est dire qu'il a plus que doublé chacun de nos mètres. Noble et divine bête, comme tu me ferais comprendre l'apostrophe de Jocelyn, là-haut, quand tu t'abattis, presque mort de fatigue, à côté d'une crevasse ! Et comme tu as repris vaillamment ta route du faîte du Granier jusqu'à Eperney et Chambéry ! C'est égal ; si notre émule comme intelligence, si l'ami et le parent de notre âme c'est le type-

Figui, le grand prix du tour de force physique et musculaire, revient aujourd'hui à la race Boudouille. Patient comme un stoïcien, inébranlable comme un vétéran mené au feu, Boudouille, s'il pouvait parler, souffléterait de sa raison la rime, car jamais mot ne rima ni plus sèchement, ni plus à faux avec : *Andouille* !

IV

La grande Ombre de Saint-Bruno plane partout ici, sur la Savoie tout comme sur le Dauphiné. A Eperney, on me contait que quatre cents pains venaient d'être distribués aux familles pauvres de la région par les Pères Chartreux ; à Montchaffrey, hameau voisin d'Uriage, dévoré par un incendie il y a quelquelques années, leurs puissants subsides ont permis la reconstruction prompte du hameau préservé désormais du feu par la tuile qui a remplacé le chaume! Partout, des écoles, des chapelles, des églises, des secours, la manne du corps et de la vie pleuvant sur la grande misère humaine, vaste comme elle, et plus inépuisable encore puisqu'elle a pour réservoir la charité.

Si la position de Grenoble est belle, celle de Chambéry, — qui m'apparaissait comme un nid de vers luisants du haut du col du Frêne, — est fort jolie. Si le Graisivaudan est superbe, sublime est la Maurienne. — Eh mais, Dieu me pardonne, va s'écrier un mien ami voisin de la place Grenette ; voilà votre fameuse passion du Dauphiné en train d'exécuter demi-tour ! Voyons, allez-y carrément. Qu'aimez-vous mieux ? le Dauphiné ou la Savoie ? — Ami Grenoblois, vous êtes bien curieux ! — Pas de défaite ! — Bien jaloux ! — Point d'ambages ! — Eh bien ? n'est-on pas libre d'aimer le Tallard et le Montmélian ? — Il nous faut une préférence nette, bien tranchée. — Puisque vous réclamez une formule bien arrêtée, bien cassante, je vous répliquerai, en fidèle élève de mon précepteur qui fut un Normand : « C'est selon ! »

XIV

LA BÉRARDE-EN-OISANS

Chalet-Hôtel de la Bérarde, le 16 juillet 1887.

A Monsieur Xavier Drevet,
Directeur du Journal, *Le Dauphiné.*

Mon cher Ami,

Avant de boucler mon havre-sac à la Bérarde, je vous expédie mes impressions sommaires.

Je reviens ravi de l'excursion à la *Tête de la Maye* : on ne connait pas le Dauphiné tant qu'on a pas embrassé les *trois quarts de cercle du massif du Pelvoux*, et on ne peut avoir cela — je parle des touristes fort amateurs et non des casse-cou, — tant qu'on n'a pas été à la *Tête de la Maye*. C'est pour le Pelvoux exactement ce que le Brévent (même hauteur, 2,500 m) est pour le massif du Mont-Blanc, ce que le Gœrnergrat (3100 m) est pour le massif du Mont-Rose, ce que le Faulhorn (2800 m) est pour le massif de la Jungfrau et des glaciers de l'Aar. Meije, Ecrins, Ailefroide sont les trois bouts d'un triangle grandiose dont l'effrayante Barre des Ecrins occupe le sommet, et à juste titre, puisque cette barre est la plus haute cime du Dauphiné (4103 m).

La route de Venosc à la Bérarde, si elle est médiocre, souvent atroce comme travail d'ingénieur (à supposer qu'ingénieur ait jamais passé par là), est *sublime* comme pittoresque. L'Aiguille et la gorge de la Selle, les Fétoules, l'Oranoule, la Lavey, comme montagnes; l'Enchatra comme glacier; encore l'Enchatra, la Pisse, les Etages, comme cascades, forment un spectacle dont la verve sauvage est prodigieuse. Les fameaux blocs tant vantés, jetés, ou en plein sur la route, ou au travers du Vénéon, composent un spectacle terrible, horrifique, inoubliable, mais je les trouve beaucoup plus beaux à partir de Saint-Christophe jusqu'à la Bérarde. Là, l'Infini, l'Incommensurable, Dieu, oui, Dieu, puisque ce que nous voyons et sentons de beau et d'énorme, c'est Dieu en raccourci, ont semé des traces de leur passage presque sous chaque enjambée de mulet.

Quant au chemin, que les timides se rassurent : la route carrossière de Venosc (ou plus exactement du Plan du Lac) à Saint-Christophe, sera *pour sûr* mise en adjudication le printemps prochain. En un ou deux ans, ce sera achevé; et, très certainement, fatalement, la continuation jusqu'à la Bérarde suivra.

Par vieille sympathie pour le Dauphiné, et dans l'espoir que l'avenir dédommagera du passé, j'aime mieux ne pas parler de la probité des aubergistes ou guides Christophins et Venoscards; mais je n'ai rien que du bien à vous dire et du chalet et d'Auguste Tairraz, qui appartient à une famille de Chamonix des plus notables comme guides et photographes. Il fait le plus grand honneur à la *Société des Touristes du Dauphiné* qui l'a choisi, mais à deux conditions : c'est que les voyageurs se multiplient, et que la Société garde un tel homme. Il a l'intelligence, l'énergie, l'esprit d'initiative, de suite, l'esprit d'invention, le besoin de progresser et d'aller du bien au mieux ; mais tout cela est impossible sans stimulant et sans encouragement. Pour ses débuts, le chalet de la Bérarde a, comme logement, et cuisine, et service, de quoi contenter les gens difficiles; qu'on soutienne ce Savoisien qui ne demande qu'à travailler et à contenter les touristes, et Tairraz, j'en réponds, fera des merveilles. Il a été à bonne école.

Honneur à la *Société des Touristes du Dauphiné* ! Elle a construit enfin un chalet convenable qui fait penser à ceux de la Suisse et de la Savoie.

Le Club Alpin, auquel la carte de l'Etat-major français attribue la paternité de l'Hôtel de la Bérarde, ferait bien de se piquer d'honneur et d'en faire rapidement autant dans vos montagnes.

Toujours bien à vous trois, de cœur,

Prince Alexandre BIBESCO.

TABLE

	Dédicace	5
I. —	Le Taillefer	7
II. —	Ascension de Chamechaude	19
III. —	Ascension de la Grande-Moucherolle	31
IV. —	Adieux au Dauphiné	47
V. —	A Louis-Xavier Drevet, sonnet	51
VI. —	Les Sept-Laux	55
VII. —	Coup de crayon champroussien	85
VIII. —	Ascension du Grand-Veymont	93
IX. —	Note curiéresque et chartreusine	129
X. —	Obiou et Belledonne	137
XI. —	Le lac Paladru	167
XII. —	A Louis-Xavier Drevet, sonnet	179
XIII. —	Le Granier	183
XIV. —	La Bérarde-en-Oisans	203

Grenoble. — Imp. Xavier Drevet.

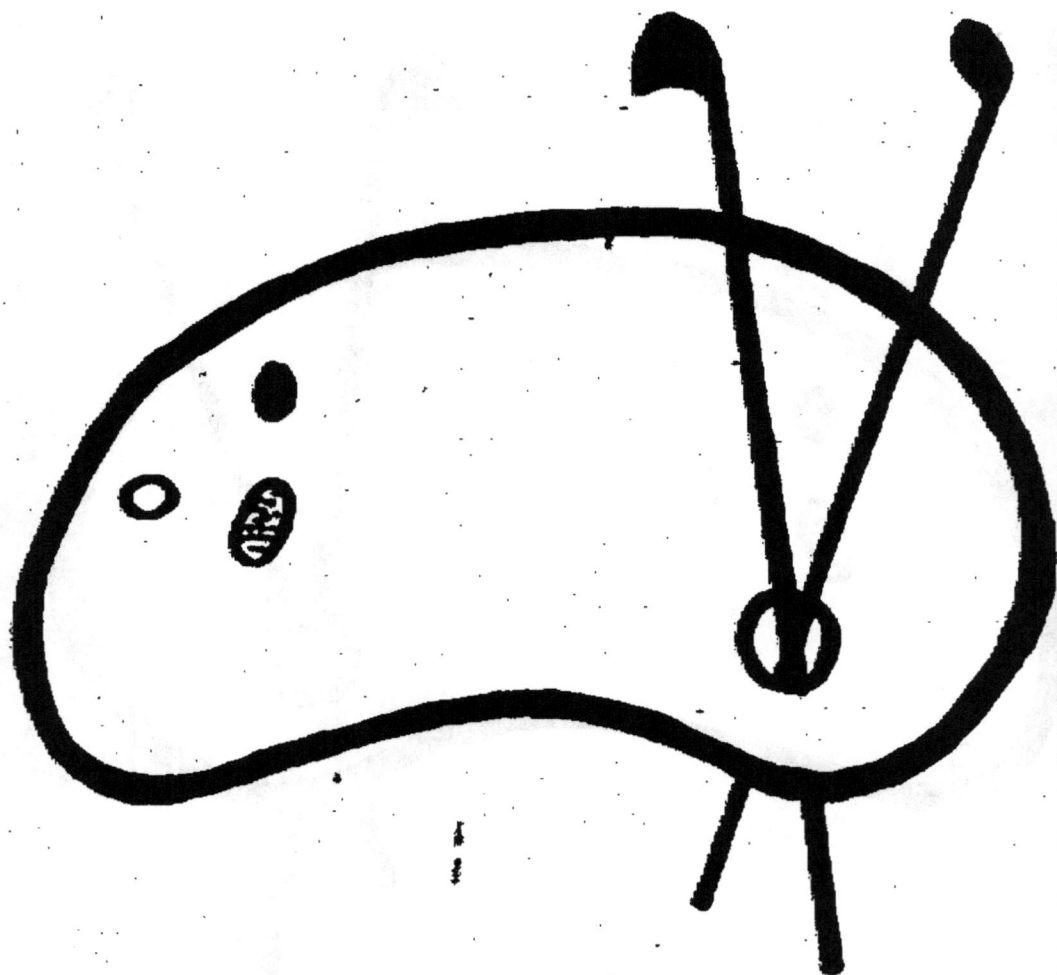

www.ingramcontent.com/pod-product-compliance
Lightning Source LLC
Chambersburg PA
CBHW070600100426
42744CB00006B/351
9782012647862